eye

守望者

——

到灯塔去

［法］阿兰·巴迪欧 著
胡陈尧 译

法国哲学的历险

自20世纪60年代以来

L'aventure de la philosophie française : depuis les années 1960

Alain Badiou

南京大学出版社

Originally published in France as:
L'aventure de la philosophie française by Alain Badiou
© La Fabrique-Editions 2012
Current Chinese translation rights arranged through Divas International, Paris
巴黎迪法国际版权代理(www.divas-books.com)
Simplified Chinese Edition Copyright © 2024 by NJUP
All rights reserved.

江苏省版权局著作权合同登记　图字:10-2020-46 号

图书在版编目(CIP)数据

法国哲学的历险:自 20 世纪 60 年代以来 /(法)阿兰·巴迪欧著;胡陈尧译. —南京:南京大学出版社, 2024.4
 ISBN 978-7-305-26625-6

Ⅰ.①法… Ⅱ.①阿… ②胡… Ⅲ.①哲学-法国-文集 Ⅳ.①B565.5-53

中国国家版本馆 CIP 数据核字(2023)第 197293 号

出版发行	南京大学出版社
社　　址	南京市汉口路 22 号　　邮　编　210093
书　　名	**法国哲学的历险:自 20 世纪 60 年代以来**
	FAGUO ZHEXUE DE LIXIAN:ZI ERSHI SHIJI LIUSHI NIANDAI YILAI
著　　者	〔法〕阿兰·巴迪欧
译　　者	胡陈尧
责任编辑	陈蕴敏
照　　排	南京紫藤制版印务中心
印　　刷	徐州绪权印刷有限公司
开　　本	880 mm×1230 mm　1/32　印张 12.125　字数 146 千
版　　次	2024 年 4 月第 1 版　2024 年 4 月第 1 次印刷
ISBN	978-7-305-26625-6
定　　价	82.00 元
网　　址	http://www.njupco.com
官方微博	http://weibo.com/njupco
官方微信	njupress
销售咨询	025-83594756

* 版权所有,侵权必究
* 凡购买南大版图书,如有印装质量问题,请与所购图书销售部门联系调换

目 录

001
前言

001
吉尔·德勒兹：关于《褶子：莱布尼茨与巴洛克风格》

051
亚历山大·科耶夫：黑格尔在法国

065
康吉莱姆有主体理论吗？

091
保罗·利科的基督教假定主体

119
让-保罗·萨特：战栗、剥离、忠实

139
路易·阿尔都塞:历史唯物主义的(再)开启

189
让-弗朗索瓦·利奥塔:巡夜人,夜已至何?

221
弗朗索瓦丝·普鲁斯特:历史之音

245
让-吕克·南希:保留的供奉

271
芭芭拉·卡森:逻各斯学反本体论

293
雅克·朗西埃:暴风雨后的知识与权力

343
文章出处

347
外国人名译名对照表

前　言

本书由一系列文章组成，其唯一共同点是都涉及那些可被归入当代的法语哲学家。此处的"当代"意味着他们的主要作品均出版于20世纪下半叶和本世纪的数年间。

这全然不是某种理性选择，亦非某种个人偏好或是某类型文选。不，所有这些都与特殊的境况联系在一起，出于偶然，一些同类型（关于法国当代哲学家）的文章被排除在该系列之外，由同一出版社以《袖珍先贤祠》（*Petit Panthéon portatif*）的标题出版。我请求读者将本书与

《袖珍先贤祠》视为一个统一的整体。

在其余各处，还散布着同一领域的另一些文章，它们或将于某天问世。针对某些作家的书写，我的写作方式过于简略，或过于艰深，或发表于某些无处可觅的杂志，或基于某种我无法再识别的冲动，或处于某类亟待进一步阐明的背景，或依据某种过度讽喻的动力，或未能顾及那些改变我评判的后期作品，又或者……谁知道呢？总的来说，在本书与《袖珍先贤祠》之后，拉法布里克（La Fabrique）出版社的确应准备第三卷作品，其中将涉及——仅列举那些作品业已成熟、稳定，或过早辞世的"前人"——吉尔·夏特莱（Gilles Châtelet）、莫妮克·大卫-梅纳尔（Monique David-Ménard）、斯蒂凡·杜阿耶（Stéphane Douaille）、让-克洛德·米尔纳（Jean-Claude Milner）、弗朗索瓦·勒尼奥（François Regnault）、弗朗索瓦·瓦尔（François Wahl）……随后，我将以对那群重要且引人注目的"青年"的零散书写作为收尾,他们是 45 岁或略微更年轻的哲学家(在哲学上,成熟是滞后的)。

现有的全部内容,我们可以看到,的确只是半成品(work in progress)。

为弥补所有这些不协调与偶然,我想要在此处对所谓的"法国哲学"给予一定考量,即便该种说法可能会显得矛盾(哲学是普遍或非普遍的),显得沙文主义(形容语"法国的"在当今等同于什么?),它既是帝国主义的(那么,始终是西方中心主义?),也是反美国式的("法式风尚"与英语国家高校哲学院的分析式学院派之间的对立)。

在无损哲学之普遍使命的前提下——我本人是这一使命的坚决捍卫者——必须注意到其历史发展中包含着一定的间断,在时间和空间中均是如此。借用弗雷德里克·沃姆斯(Frédéric Worms)一个极具意义的表述,应认识到存在某些哲学的时刻，存在某些哲学能够具有普遍反响的创造性的特殊局部化。

以两个尤为强烈且显著的哲学时刻为例。首先是自公元前5世纪至公元前3世纪的希腊古典哲学，从巴门尼德到亚里士多德，这是一个具有创新性、奠基性，杰出却颇为短暂的哲学时刻。此外便是德国唯心主义，从康德到黑格尔，经由费希特和谢林：这也是一个出众的哲学时刻，从18世纪末延续至19世纪初，一个强烈且富有创新性，却仅延续了数十年的时刻。

我将暂时以"法国当代哲学"来命名这一法国的哲学时刻，它主要发生在20世纪下半叶，其规模和创新性都足以与希腊古典哲学和德国唯心主义哲学时刻媲美。

让我们回顾几个公认的里程碑。《存在与虚无》(*L'Être et le néant*)，萨特的奠基之作，问世于1943年；德勒兹的最后一部作品，1991年的《什么是哲学？》(*Qu'est-ce que la philosophie?*)。

在萨特与德勒兹之间，我们无论如何都应提到巴什拉（Bachelard）、梅洛-庞蒂（Merleau-Ponty）、列维-斯特劳斯（Lévi-Strauss）、阿尔都塞（Althusser）、拉康（Lacan）、福柯（Foucault）、利奥塔（Lyotard）、德里达（Derrida）……跳出这一封闭时段，延续至今，我们还能够列举出让-吕克·南希（Jean-Luc Nancy）、菲利普·拉古-拉巴特（Philippe Lacoue-Labarthe）、雅克·朗西埃（Jacques Rancière）、我自己……我将这一作者和作品名单称为"法国当代哲学"，在我看来，它们构成了一个新的、富有创造力的、既独特又具有普遍意义的哲学时刻。

现在的问题在于如何辨读这一整体。围绕我提到的这十余个名字，都发生过什么？关于依次出现的存在主义、结构主义、解构主义、后现代主义、思辨实在论（réalisme spéculatif），人们（"人们"通常指代美国学者）想要说明什么？

这一时刻是否存在着历史和知识上的统一？怎样的统一？

我将从四个方面展开这一讨论。首先是关于起源的问题：这一时刻源起何处？它的系谱如何？它的诞生证明是什么？紧接着，我将尝试辨读该时刻自身的哲学运动。第三，我将关注一个根本性问题，即这一序列中哲学与文学的关系。最后，我将论及贯穿该时期的哲学与精神分析之间的持久争论。

为考察 20 世纪下半叶法国哲学时刻的起源，应追溯至该世纪初，法国哲学两个截然不同的流派于这一时期确立。以下是部分标志性事件：1911 年，柏格森在牛津大学发表了两场著名演说，后被收录于论集《思想与运动者》（*La Pensée et le mouvant*）中。1912 年，布兰施维克（Brunschvicg）的《数学哲学的诸阶段》（*Les Étapes de la philosophie mathématique*）出版。

两者（恰在"一战"前夕，这不是无关紧要的）为思想确立了截然对立的方向，至少在表面上如此。柏格森提出了关于生命内在性的哲学，可被归入基于现代生物学、有关存在与变化的本体论。这一方向持续了整个世纪，直至德勒兹。布兰施维克则提出一种概念哲学，更准确地说是概念性直觉的哲学（笛卡尔以来盛行的矛盾修辞法），该种哲学以数学为支撑，描述符号论（symbolisme）的历史构成，基本的概念性直觉以某种方式在此汇集。这一将主观直觉与符号论形式主义联系在一起的方向也持续了整个世纪，一边是更为"科学化"的列维-斯特劳斯、阿尔都塞和拉康，另一边则是更加"艺术化"的德里达和利奥塔。

于是，在20世纪伊始，法国哲学便表现为一种我所谓的分裂和辩证的形象。一边是生命哲学；另一边，简单地说，是概念哲学。这一关于生命和/或概念的问题将成为法国哲学的核心命题,对于我们此处所谈论的哲学时刻亦是如此。

关于生命与概念的讨论最终指向的是占据这一时期的主体问题。为何?因为人类主体既是生命实体,也是概念的创造者。主体是两大方向的交汇点:其生命(主观生命、动物生命、有机生命)得到考量;同样得到考量的还有主体的思想,以及其创造和抽象能力。围绕主体概念——时而以其他词汇呈现——身体与思想、生命与概念之间的关系在冲突中组织着法国哲学的生成,这一冲突自世纪初便业已存在,一边是柏格森,另一边是布兰施维克。

我可以迅速给出一些例证:在萨特和梅洛-庞蒂那里,作为意图的主体是一个关键概念。阿尔都塞则相反地将历史定义为无主体的过程,将主体归入意识形态范畴。继海德格尔之后,德里达将主体划入形而上学范畴;拉康创造了一种新的主体概念,主体的构成是一种原始划分,一种分裂;对于利奥塔而言,主体是叙事的主体,正如终审时在某项法律面前进行辩护；对于拉尔德罗（Lardreau），主体是可能受怜悯效应影响的人或物；在我看来，只存在真理过程的主体……

应注意到，关于起源，我们还可以追溯至更早的时期，在那里有笛卡尔留下的遗产，可以认为，20世纪下半叶的法国哲学是一场关于笛卡尔的大讨论。笛卡尔创造了主体这一哲学范畴，法国哲学的命运，乃至其中的分歧，都是对笛卡尔遗产的划分。笛卡尔既是研究物质身体和动物机器的理论家，也是研究纯粹思辨的理论家。因此，他同时关注物理学和主体形而上学。在所有当代伟大的哲学家那里，我们都能找到有关笛卡尔的文字。拉康号召人们回归笛卡尔，萨特就笛卡尔对自由的论述发表过一篇著名的文章，德勒兹对笛卡尔保持着一贯的敌对，福柯和德里达就笛卡尔产生过争执。总而言之，在20世纪下半叶，有多少法国哲学家，就有多少个笛卡尔。

关于起源的问题给予我们所关注的哲学时刻

以首个定义：围绕主体概念的一场概念之战，其形式通常是就笛卡尔的遗产所展开的论辩。

如果将目光转向那些能够界定我们的哲学时刻的思想运作，我可以列举出几个尤其能呈现哲学研究"方式"的例子，即所谓的方法运作。

第一种是德国式运作，或者说基于德国哲学家思想的法国式运作。事实上，20世纪下半叶的整个法国哲学既是对笛卡尔遗产的讨论，也是对德国遗产的讨论。在这一讨论中有一些标志性时刻，例如科耶夫（Kojève）的黑格尔研讨班，拉康参与其中，列维-斯特劳斯也受其影响。此外还有30和40年代的法国青年哲学家们对现象学的发现。例如，萨特在柏林读到了胡塞尔和海德格尔的原著，这促使其彻底改变了自身观点。德里达首先且尤其可被视为一名对德国思想富有独创性的阐释者。对于福柯和德勒兹，尼采的影响则是根本性的。利奥塔、拉尔德罗、德勒兹、拉康，这些彼此迥异的哲学家都撰写过有关康德的文章。由此可以认为，法国人在德国寻觅着某种东西，在从康德到海德格尔的丰富资源中汲取营养。

法国哲学在德国寻觅什么？一言以蔽之：概念与存在之间的一种新型关系，这一关系被赋予了诸多名称——解构主义、存在主义、诠释学。但所有这些名称背后都是同一种研究，即改变或转移概念与存在之间的关系。正因为法国哲学自世纪伊始便围绕生命和概念问题展开，这一思想的存在主义转变，以及思想与其所根植的土壤间的关系，都极大地吸引着法国哲学。这便是我所谓的法国哲学的德国式运作：在德国哲学中找到解决概念与存在间关系的新途径。这是一种运作，因为德国哲学——经由法国阐释——已成为法国哲学战场上某种全然一新的东西。这是一种别开生面的运作，是在哲学的法国战场上对德国哲学武器的反复利用——如果我可以这样说——

其目的本身与德国哲学截然不同。

第二种运作同样重要，涉及科学。20世纪下半叶的法国哲学家们试图将科学从严格的意识哲学领域解放出来。他们证明了相较于简单的认知问题，科学更为广泛而深刻，应将科学视为一种生产性活动、一种创造，而不仅仅是一种思考或认知。他们试图在科学中找到创造与转换的范式，最终避免将科学视为对现象的揭示与组织，而是作为一种可与艺术活动相提并论的思想与创造活动。这一过程在德勒兹那里得到了彰显，德勒兹将科学创造与艺术创作进行了细致、深入的对比；然而，作为构建起法国哲学的诸多运作之一，该过程在德勒兹之前便已经开始了，自30和40年代起，巴什拉（既关注物理和数学，也关注诗歌的主观底层结构）、卡瓦耶斯（[Cavaillès]将数学恢复为斯宾诺莎意义上的生产动力学）、洛特曼（[Lautman]认为论证过程是理念的超感觉辩证法的具象化）等人极富独创性的作品便印证了这一点。

第三种是政治运作。几乎这一时期的所有哲学家都试图令哲学深层次地介入政治问题：萨特、战后的梅洛-庞蒂、福柯、阿尔都塞、德勒兹、让贝（Jeambet）、拉尔德罗、朗西埃、弗朗索瓦丝·普鲁斯特（Françoise Proust）——以及我自己——都曾是或依然是政治行动主义分子。正如同在德国哲学中寻找概念与存在间的新型关系，他们也在政治中寻找概念与行动（尤其是集体行动）间的新型关系。这种使哲学介入政治情境的强烈意愿以寻找一种新的主体性为基础，该主体性可以是概念性的，与大量涌现的集体行动相符合。

我将最后一种运作称为"现代的"。这是一句口号：使哲学现代化。在我们日常谈论政府行动的现代化之前（如今应使一切都现代化，而这通常意味着摧毁一切），法国哲学家就已经具备了对现代性的强烈意愿。他们密切关注艺术、文化和社会变革，以及风俗转变。哲学对非具象绘画、新音乐、戏剧、侦探小说、爵士乐和电影表现出浓厚兴趣，其与现代社会最鲜明的表现形式的关系愈发密切。与此同时，哲学尤为关注性，关注新的生活方式。代数和逻辑的形式主义也激发着哲学的某种激情。通过所有这一切，哲学寻找着概念与形式运动间的一种新型关系：艺术形式、社会生活的崭新面貌、生活方式、文字科学的复杂形式。通过这种现代化，哲学家们寻找一种新的方式以接近各种形式创新。

因此，这一法国哲学时刻至少是对德国思想的新的汲取，是一种创造性的科学观，一种政治上的激进，一种对新的艺术和生活形式的追求。所有这一切都是为了对概念进行新的安置，将概念与其外部的联系予以转移。哲学试图建立与存在、思想、行动和形式运动的新联系。

关于形式的问题，即寻找哲学与形式创新之

间的密切关系，在这里是至关重要的。显然，这涉及哲学本身的形式问题。应对哲学语言加以改造，且不仅限于创造新的概念。这便催生了哲学与文学之间的一种特殊关联，同时也构成了 20 世纪法国哲学一个极为显著的特征。

在某种意义上，这一关联在法国源远流长。在 18 世纪，诸如伏尔泰、卢梭或狄德罗等古典文学家难道不被称为"哲学家"？还有一些法国作家，我们不知道他们应隶属于文学还是哲学。例如帕斯卡尔，他既是我们文学史上的一位伟大作家，无疑也是最为深邃的思想家之一。20 世纪的阿兰（Alain），表面上他显然是古典派哲学家，一位不属于我所讨论的时刻的非革命性哲学家，却与文学有着极为密切的关联；写作于他是至关重要的。他在自身哲学书写中追求一种沿袭自古典道德家的简洁。他发表了大量小说评论——关于巴尔扎克的文章尤为杰出——和法国当代诗歌评论，尤其是关于瓦莱里的评论。因此，在 20 世纪法国哲学的"普通"形象中，我们可以辨读出这一哲学与文学间的密切关联。在二三十年代，超现实主义者扮演着重要角色：他们也试图改变思想与形式创新、与现代生活、与艺术的联系；他们想要创造新的生活形式。虽然他们采用的是一种诗学途径，但也为法国 50 和 60 年代的哲学活动做出了准备。拉康和列维-斯特劳斯是超现实主义群体的常客。即便是像阿尔基耶（Alquié）这样的索邦大学哲学教授，也与超现实主义领域保持着联系。在这段复杂的历史中，诗学与哲学的计划之间存有某种关联，超现实主义者——或另一方向上的巴什拉——是其中的代表。但从五六十年代起，正是哲学本身应创造出其文学形式；它应在哲学表达、哲学风格及其概念的重新定位之间寻得一种直接的、富有表现力的关联。我们因此见证了哲学写作一个引人注目的变化。我们中的很多人都已经习惯于这种写作，德勒兹、福柯、拉康的写作；我们难以描述这种写作是在何种程度上构成了与先前哲学风格的显著断裂。所有这些哲学家都试图拥有自己的风格，开创新的写作方式。他们想要成为作家。在德勒兹或福柯的作品中，你可以在语句的运动中找到某种焕然一新的东西。那里有一种毫不让步的肯定节奏，一种尤具创造性的形式意识。在德里达那里，你会寻得语言之间一种复杂而宽容的关系，一种语言关于其自身的劳作，思想穿行其中，如鳗鲡游走于水草之间。在拉康那里，你能够看到一种可与马拉美媲美的复杂句法。所有这些都包含着对论说文既定风格的激烈抗争——同时，这种风格也时有回归，如萨特或阿尔都塞的作品所展现的，因为这涉及一种修辞的根基，对其展开的斗争始终是不确定的。

我们几乎可以认为，法国哲学的目标之一便是创造一个新的写作场域，文学与哲学在其中融为一体；这一场域既不是作为专业知识的哲学，也不是严格意义上的文学，而是一种不再能将哲学与文学加以区分的写作，换言之，我们无法再将概念与生活经验区分开来。因为最终，这种写作的创造旨在赋予概念文学生命。

这种创造、这种新型写作，其目的是言说新的主体，是在语言中创造新的主体形象。因为现代的主体，作为法国哲学时刻的关键性因素，不能是直接来源于笛卡尔的理性的和意识的主体；也不是——更具技术性地说——反思的主体；它应是某种更为模糊，与生命、与身体联系得更为紧密的东西，一种比意识主体更为广泛的主体，同时也是某种类似生产或创造的事物，其自身聚集着更为强大的能量。无论是选择采纳和接受"主体"这一名谓，还是用其他术语取而代之，这都是法国哲学致力于言说、寻找和思考的内容。

正因如此，精神分析成为重要的对话者，这一弗洛伊德的伟大创造正是关于主体的新命题。凭借无意识主题，弗洛伊德向我们证明了主体问题比意识更为宽广。它将意识包括在内，却又不限于意识。这便是拉康所谓"无意识主体"中"无意识"一词的根本含义。

因此，整个法国当代哲学与精神分析展开了广泛而严肃的讨论。这一讨论，在 20 世纪下半叶的法国，构成了一幕极为复杂的场景。这一处于哲学和精神分析之间的场景（戏剧）本身无疑具有启示意义。问题的焦点在于自 20 世纪初以来法国哲学两大流派的划分。

让我们回到这一划分上来。一边是存在主义生机论，发源于柏格森并经由萨特、福柯和德勒兹；另一边则是我所谓的直觉概念论，它允许了概念的形式投射，起源于布兰施维克，并经由阿尔都塞和拉康。横跨两者（存在主义生机论和概念形式主义）之间的，乃是主体问题。因为归根结底，主体的存在产生概念。然而，在某种意义上，弗洛伊德的无意识也准确地占据着这一领地：无意识也是某种兼具生命力与象征性,并能产生概念的事物。

显然,考虑到以另一种方式从事与你相同工作的人,你们之间的关系始终是艰难的。可以认为这是一种同谋关系——你们从事同样的工作;但同时是一种竞争关系——你们采用的方式不同。在法国哲学中,哲学与精神分析的关系正是如此:同谋与竞争关系。既是诱惑与爱恋的关系,也是敌对与仇恨的关系。正因为如此,这一幕场景才会如此激越而繁复。

有三段重要的文字可以证明这一点。首先是巴什拉于1938年发表的《火的精神分析》(*La Psychanalyse du feu*)一书的开篇,这是关于该问题最明晰的例证。巴什拉提出了一种新型精神分析,基于诗与梦,我们可将其称为一种关于元素的精神分析:火、水、空气、土地,一种元素精神分析。实际上,可以认为巴什拉尝试用"梦想"(rêverie)这一新的概念取代弗洛伊德的性压抑。他试图证明梦想比性压抑更为广泛、开放。《火的精神分析》的开篇对此有极为明晰的论述。

第二段文字是《存在与虚无》的结尾，萨特也提议创造一种新的精神分析，他将其称为"存在精神分析"（psychanalyse existentielle）。这是同谋/竞争关系的典范。萨特用他的存在精神分析对抗弗洛伊德的"经验论"精神分析。在他看来，提出一种真正意义上的理论化精神分析是可能的，而弗洛伊德仅提出了一种经验论的精神分析。如果说巴什拉意欲以梦想取代性压抑，那么萨特则试图用所谓谋划（projet）来取代弗洛伊德的情结，即无意识结构。对萨特而言，将主体定义的不是某种神经症或生理反常的结构，而是一种基本的、对存在的谋划。这也完美地印证了同谋与竞争的结合。

第三段文字来自德勒兹和瓜塔里《反俄狄浦斯》（*L'Anti-Œdipe*）的第四章，在该部分中，精神分析被另一种方法取代,德勒兹称之为"分裂分析"(schizo-analyse),这与弗洛伊德的精神分析形成了鲜明的对抗。正如巴什拉用梦想替代性压抑,萨特用谋划替代结构或情结,德勒兹的文字是明确的,即用建构来替代表达——他批评精神分析仅对无意识的力量进行了表达,而未对其加以建构。

这是非凡的,也是症候式的:三位伟大哲学家——巴什拉、萨特和德勒兹——都提出用另一种事物来取代精神分析。我们还可以证明德里达和福柯也怀有同样的抱负……

所有这一切都勾勒出一幅应予以回顾的哲学图景。

我认为一个哲学时刻是由某种思想的纲领所定义的。当然,哲学家之间有很大差异,其处理纲领的方法也时常对立,结果便是提出矛盾的解决方案。然而,我们可以在这些差异与矛盾中找出共同的要素：不是作品，不是体系，甚至也不是概念，而是纲领。当纲领性的问题极为有力且被共享时，哲学时刻便应运而生，并伴随多样化的方式、作品、概念和哲学家。

那么在 20 世纪的后 50 年里，这一纲领是什么？

首先：不再将概念与存在两相对立，结束这一分离。证明概念是鲜活的，是一种创造，是过程和事件，因而无法与存在分割开来。

第二点：将哲学纳入现代性之中，这意味着使其走出学院，在生活中流动。有关性、艺术、政治、科学、社会的现代性，哲学应从所有这一切出发，在此融合，再度淬炼。它应为此与其自身传统部分地决裂。

纲领第三点：抛弃意识哲学与行动哲学间的对立。这一显著的分离——例如康德给予理论理性和实践理性截然不同的结构与可能性——在不久前依然构成毕业班哲学课程的基础。然而，法国哲学时刻的纲领要求我们抛弃这种分离,证明意识本身是一种实践,科学意识在事实上也是一种实践,同时证明政治实践是一种思想,艺术乃至爱情都是思想,与概念并不相悖。

第四点:将哲学直接置于政治舞台,而不经由政治哲学的迂回,即令哲学直面政治场景。所有法国哲学家,在大部分英国哲学家的激烈愤慨下,都试图塑造一种我所谓的哲学斗士形象。哲学,在其存在的方式上,在其存在本身,都不应仅限于对政治的反思,而是一种旨在使新的政治主体性成为可能的介入。没有什么比这更有悖于法国哲学时刻,没有什么比当前的"政治哲学"浪潮更为明确地标志着这一时刻的终结。这是对学院和反思传统的一种悲哀的回归。

第五点:重拾主体问题,放弃反思模式,并因此与精神分析讨论,与其竞争,在涉及主体对意识、对心理不可化约的思想层面与精神分析媲美,乃至做得更好。这里讨论的法国哲学的死敌是心理学，它长期构成哲学课程的半壁江山，而法国哲学时刻尝试将其遏制。心理学回归这一当代潮流，或许意味着一个创造性时代的结束，抑或是即将结束。

最后，第六点：创造一种新的哲学叙述风格，与文学展开竞争。事实上，这是在18世纪之后对"哲学作家"的又一次塑造。该种形象超越了学术领域，也超越了当今的传媒领域，它直接通过自身话语、写作、宣言和行动被感知，因其纲领在于——如果我可以这样说——通过各种方式关涉并改变当代的主体性。

这便是法国哲学时刻，是其纲领和雄心壮志。我认为其中存在着某种本质的渴望。这是一种身份，作为哲学时刻的身份，难道不正是某种渴望的身份吗？是的，这种本质的渴望在过去和现在都切实存在，即令哲学成为一种积极的写作，成为新型主体的手段与附属。因此，这也是一种使哲学家摆脱贤者身份，与默想、训导或反思的形象相决裂的欲求。

使哲学家摆脱贤者身份,亦即使其不再成为教士的竞争者:使其成为热衷战斗的作家、描绘主体的艺术家、专注创造的爱慕者。热衷战斗的作家、描绘主体的艺术家、专注创造的爱慕者、哲学斗士,这些称谓无不流露出该时期的哲学想要独树一帜的渴望。

所有这些都使我想到马尔罗(Malraux)在《砍倒的橡树》(*Les chênes qu'on abat*)中援引自戴高乐的一句话:"伟大是一条通向未知之路。"20世纪下半叶的法国哲学,这一法国哲学时刻,倾向于未知的道路而非既定的目标,倾向于行动与介入而非默想和慧思。这是一种缺乏智慧的哲学,在当下受到指责。

我们所渴望的,不是生命与概念的明确分离,不是存在对理念或规范的屈从,而是概念本身成为一条我们未必知晓终点的道路。这条道路入口明确,终点却几近偶然或模糊,哲学的任务便是阐明其中缘由,证明这条道路确是——换言之:就正义而言——我们应该踏上的。

是的,在过去或现在,这一时刻的哲学都是对某种迫切而理性的思想的升华,那些通向正义的幽暗小径——在我看来,也通往真理——时代召唤我们将其构筑,在踏上征程的时刻。

由此我们有理由认为,在 20 世纪的法国,有这样一个以令全人类获益为旨归的哲学历险时刻。

吉尔·德勒兹：
关于《褶子:莱布尼茨与巴洛克风格》*

---

* Gilles Deleuze, *Le Pli. Leibniz et le baroque*, Paris, Minuit, 1988.

1987年,弗朗索瓦·瓦尔——自60年代初以来我在瑟伊(Seuil)出版社的出版人——打算创立一部《哲学年鉴》,记录那些每年度在我们看来有价值的著作,且完全不考虑相关著作的形式、流畅度及其研究方向上可能存有的异质性。这里的"我们"都有谁?除了创办者,还有克里斯蒂安·让贝、居伊·拉尔德罗、让-克洛德·米尔纳和我自己。该提案彻头彻尾且毫无根据的失败令瑟伊出版社颇为受挫。事实上,刊发文章的论点高度和力度是普遍出色的。必须承认,其引发的些许共鸣亦是如此。无论如何,我很高兴能够在这篇于《年鉴》第二期发表的文章中表达我对前人(莱布尼茨)和新派(德勒兹)的敬佩之情,即便我从未停止与其交锋。

一本书向我们提出了一个概念(褶子[Pli])。这一概念有悠久的历史、广泛的应用领域和多重的效应。此外,该概念还可以根据对其思想情状的描述,根据对其用途的叙述而得到分类。它被记录为某种准则、地点,以及发生的事件。它是问题所在,就像最后一页的最后一段文字:"问题始终在于折叠、展开、再折叠"(第189页)。

持续、细致、富有教益且洞察入微,莱布尼茨的叙述被德勒兹用作概念建构的媒介。著作的倒数第二句话写道:"我们仍是莱布尼茨。"(第189页)我们看到,重要的不是莱布尼茨,而是被强迫折叠、展开、再折叠的现代的我们,仍是莱布尼茨。

问题在于弄清这里的"仍是"意味着什么。

我们是否应学院式地探讨德勒兹史学考究的准确性（伟大而优美：一位完美的读者）？是否应将唯名论的，诡谲、折中且狡猾的莱布尼茨与如此灵动而又深邃的莱布尼茨（德勒兹夸耀其范式）对立起来？文本的丈量？系谱的论争？

放弃这些罢。这本书罕见而令人仰慕，它向我们提出了关于我们的世界的一种观念和思想。哲学家始终应将其谈论：知识的洪福，风格的享受，文字与思想的交错，概念与非概念的折叠。

讨论或许是必要的，但也是困难的，因其始于对失谐（désaccord），对失谐之存在的论争。因为对德勒兹而言，在莱布尼茨之后，问题不在于对与错，而在于从一种可能到另一种可能。莱布尼茨依然采用了某种神性的标准（最好者原则 [le principe du meilleur]）。德勒兹则全然没有。我们的世界，"扩大半音"的世界，是一座舞台，是同一的，"塞克斯图斯 (Sextus) 在那里强暴且未强暴卢克丽霞 (Lucrèce)"（第112页）。失谐与谐和是"且"的关系。为感知和谐，只需在音乐的比较中留意"不解决和弦"（同上）。

为确保哲学辩论 (disputatio) 审慎的压力，除把握中心概念的思路外别无他法，这与德勒兹的冷静的弯折是相悖的。必须展开**褶子**，迫使其迎向某种永久的展开。

让我们在三重束缚中进行操作，德勒兹在这三重套叠中将我们吸引。

褶子，首先是一个针对**多** (Multiple) 的反扩延概念，它将**多**再现为质量层面令人迷惑的复杂性，无法被化约为任何基本的构成。

褶子，也是一个针对**事件** (Événement) 或独特性 (singularité*) 的反辩证概念，是思想和个体化的"调节"者。

---

* singularité 也是数学中的"奇点"。——译注

褶子，在最后是针对**主体**（Sujet）的反笛卡尔主义（或反拉康主义）概念，一个绝对内在性的"连通"形象，作为一个观点与世界等同。又或者：褶子允许我们设想没有陈述内容（énoncé）的陈述行为（énonciation），或是没有客体的认知。自此，世界将不再是**整体**（Tout）的幻象，而是作为纯粹**域外**（Dehors）的**域内**（Dedans）的错觉。

所有这些"反对"都是甜蜜的，美妙而又诡谲的甜蜜，构成了德勒兹的叙述风格。他始终在肯定，始终在提炼。他向无穷划分，为使划分本身迷失。他诱惑着多，吸引着一（Un），联系着非真实，列举着不适宜。

且让我们长话短说。

多、有机性

我们不是要仓促地规定某个指令,以快速地穷尽德勒兹式的闪避。例如:在书中开篇不到 20 行的位置便可读到这样一句话:"多,不仅仅是那些由多个部分构成的事物,也是以多种方式折叠的事物。"(第 5 页)我们可以立即提出异议:首先,多并非由其各部分构成,而是由其元素构成。其次,对褶子的思考是其多的展开(étalement-multiple),是将其化约为元素的归属,正如对结点(nœud)的思考应在其代数群中展开。最后,如果"以多种方式折叠的事物"首先在其纯粹的多的存在中,在康托尔式的存在中,在无关于任何褶子的基数性上——因为作为无质量的多,它将其存在占有——不是不可计数的,它又如何能被阐述为折痕,被拓扑为无数的褶子?

然而,莱布尼兹-德勒兹,这一术语或参量中的标点有何意义?关于元素和归属的集合本体论被他们否认,那里有一条关于**一和多**的——古典的——辩论线。莱布尼兹-德勒兹的论题在于点或元素不能被视作物质的单位:"物质的单位,迷宫中最小的元素,是褶子,而不是点。"(第9页)由此便产生了"属于"(某一元素)和"包含"(某一部分)之间的持久两重性。我们可以认为,莱布尼兹-德勒兹的本体论将多理解为点-部分,也就是作为扩张(展开褶子)或收缩(褶子),不存在原子和空(vide)。这是站在绝对的"集合主义"的对立面,这一集合主义从空之中编织最为显著的复杂性,并将最错综复杂的拓扑学化约为归属。

然而,一经构成,这条验证线便产生了分支,舒展开来,变得复杂。德勒兹-莱布尼兹的计策是不让任何一组对立得以安稳,不被任何一种辩证的模式胜过或作为赌注。你们所探讨的是点，或是元素？但莱布尼兹-德勒兹将其区分为三种著名类型：物质或物理上的点-褶子，它是"有弹性或柔韧的"；数学上的点，它既是纯粹的常规（作为线的尽头），也是"位置、焦点、地点、弯曲矢量的连接之处"；最后是形而上的点，它是灵魂或是主体，占据了观点或方位，后者被数学上的点指定为"点-褶子"的连接。因此，德勒兹认为应区分"弯折的点、方位的点、包含的点"（第 32 页）。但正如我们所看到的，这三者无法被分离开来进行思考，每一个都由另两者所决定。**多**的哪一种"自我"形象——抛开显而易见的无意义部分——可以与以褶子为标志的点的分支闪避形成对比呢？

在德勒兹看来，哲学不是一种推论，而是一种叙述。他关于**巴洛克风格**的论述（第 174 页）与自身的思想风格十分吻合："描述取代了对象，概念变成了叙事，主体则成为观点，成为陈述行为的主体。"因此,这里没有多的个案,而是描述其形象,并进一步描述从一种形象到另一种形象的持续转渡;这里没有多的概念,而是对其存在-世界的叙述,在这一意义上,德勒兹确信莱布尼茨的哲学是"世界的标记",而不再是"宇宙的象征"(第174页);这里也没有**主体**理论,而是对观点的聆听与记录,所有主体都化为观点,观点本身则是一个多半是发散或无**理性**(Raison)的系列的术语。

因此,当德勒兹将"关于一与多的新型关联"(第173页)归功于莱布尼茨时,其主要目的是使这一关联具备对角线、颠覆、模糊的特性,因为"在主观意义上"(因而是一元论的),"应同时包含一的多元性和多的单一性"。最后,在**一/一**和**多/多**的准关联中,**一/多**的"关联"被消解。这些准关联,都被归入**褶子**的无概念之概念(concept-sans-concept)中,归入从**褶子**-多到一-**褶子**的反转,成为描述(**巴洛克**这一主题的用途)、叙述(**世界**的游戏)或陈述的立场(德勒兹没有反驳,也没有推论,而是陈述)。在某种公理或初步决断的忠实后继者那里,这些准关联是无法被推断和思考的。它们的功能是避免差异、对立和必然的二元性。它们的使用准则是明暗(clair-obscur),这对于莱布尼茨-德勒兹而言是观念的色度,"明沉入暗之中,并不断深陷:这在本质上是明暗对比,是暗的发展,或多或少也是敏感者所揭示的明"(第120页)。

这是莱布尼茨、柏格森和德勒兹的典型方法。它对**明**的理想主题表示了敌对(主观、陈述的),这一主题从柏拉图(**理念-太阳**)延续到笛卡尔(**光明理念**),同时也是关于某种**多**的概念的隐喻,在这里,将其构成的元素暴露在关于归属差异的明亮的思考中。莱布尼茨-柏格森-德勒兹不会声明价值在于**暗**,他不会正面论战。不,他将道出细微差别。这里的细微差别是反辩证法典型的操作手段。细微差别将化解潜在的对立，**明**放大了其中一个用语。我们由此建立起一种局部的连续性，在每一个真实的节点上建立起价值交换，从而使**明/暗**这一组关系可被拆分，且更加等级分明，代价则是总体上的抽象。这一抽象本身将与**世界**的生命无关。

之所以关于**多**的思考——如德勒兹-莱布尼茨所展开的——是这般不可捉摸，之所以它是对**世界**的褶子与展开褶子的无缝隙、外部的叙事，是因为它不与其余任何思想对立，也不建立在另一思想的边缘。它更倾向于与所有思想都不分离，在多之中累积所有关于多的可能的思考。因为"真正的区别未必是已分离或可分离的"，而"没有什么是可分离或已分离的，但一切都在密谋"。（第75页）

这一交错、折叠、不可分离的整体世界观，将任何差别都视为简单的局部操作；这一"现代的"信念，认为多无法作为多被感知，而只能作为**褶子**"被激活";这一发散的文化(在系列的意义上),使最根本的异质性彼此兼容;这一无偿的"开放"("一个掠夺而非封闭的世界",第111页):所有这些构成了德勒兹与莱布尼茨之间友好而深刻的联系。多可被视作由众多动物构成的伟大动物,有机体的呼吸始终内在于其自身的有机性中;多也可以是生命组织,在其生命的隆起作用下折叠,反方向上则必然受到局部的、受冲击支配的笛卡尔式广延(étendue)的影响:德勒兹的哲学是对既完整而又不一致的生命的捕捉。我们因而可以理解莱布尼茨于此得到推崇的原因,他比其余任何人都坚持"肯定唯一、相同的世界,以及这一世界中无限的差异或多样性"(第78页)。典型的"巴洛克式"果敢得以维持,"一种质地学(texturologie),它印证了广义有机论,或是机体的广泛存在"(第155页)。

事实上,向来就只存在着两种**多**的模式或范式:数学和有机论,柏拉图或亚里士多德。将**褶**

子与**集合** (Ensemble) 对照，或将莱布尼茨与笛卡尔对照，这是对有机论模式的复苏。尽管脱离了数学模式，德勒兹-莱布尼茨依然注意到：

> 在数学中，构成规范的是个体化；然而，对于物质或有机体并非如此。（第 87 页）

动物，或是**数** (Nombre)？这是形而上学的交叉，而对于德勒兹-莱布尼茨这一**现代性**分歧**世界**的形而上学者来说，其伟大之处在于对动物坚定不移的选择。总之，"莱布尼茨体系的本质不只是动物心理学，还有动物单子论"（第 146 页）。

在这里，根本问题在于独特性：独特是在何处以怎样的方式与概念相交？这一相交的范式是什么？之所以德勒兹偏爱斯多葛派、莱布尼茨或怀特海 (Whitehead) 更甚于柏拉图、笛卡尔或黑格尔，是因为在第一个系列中，个体化原则占据着战略性的地位，在第二个系列中则被拒绝。

"莱布尼茨式的革命"——伴随着德勒兹温和的叙事中罕有的文体层面的激情——被誉为"概念与独特性的结姻"(第 91 页)。

但首先,什么是独特的?在我看来这是统领德勒兹整本书的问题,莱布尼茨则作为独特的证人被传唤。后者对发生、弯曲、物种和个体的无穷轮转有着敏锐的思考。

事件、独特性

"什么是事件?"这一章节占据该书的中心部分(第 103—112 页),较之莱布尼茨,该章节更加关注怀特海。然而无论在先前还是往后,事件的范畴始终位处中心,因为正是事件支持、包裹、激励着独特性。德勒兹-莱布尼茨将世界作为"一系列的弯曲或事件:一种纯粹的独特性传播"(第 81 页)。

又一次,关于事件的思考这一中心论题——正如德勒兹将其归于莱布尼茨-怀特海——吸引并诱导着人们。例如:"事件的哪些条件使得一切都是事件?"(第103页)

对立的欲望是强大的:如果"一切都是事件",事件又如何能与事实(fait),与依据呈现(présentation)原则降临到世界的事物区分开来?我们是否更应询问:"事件的哪些条件使得几乎一切都不是事件?"那被呈现的,作为呈现物,是否真的是独特的?我们也可以合理地认为,世界的进展通常只表现出普遍性。

既然事件意味着那发生的一切(由于一切都已发生),莱布尼茨-怀特海-德勒兹又如何能从**多**的有机论模式中提取出一种关于独特的事件理论?

谜题可以被简单地理解为:我们通常将"事件"理解为某种断裂的独特性,莱布尼茨-怀特海-德勒兹则将其理解为使每一个局部褶子的连续性独特化的部分。但在另一方面,对于莱布尼茨-怀特海-德勒兹,"事件"无论如何都意味着真理(或概念)始终独特或局部性的起源,抑或是德勒兹所陈述的"真(vrai)对独特和显著(remarquable)的从属"(第121页)。因此,事件既是无处不在也是创造性的,既是结构性也是闻所未闻的。

因此,与事件相关的一系列概念在同一点上不停地发散与收缩。让我们列举三个例子。

1. 既然莱布尼茨-德勒兹将事件视为连续体的内在弯曲,他们也应假设对事件的探讨始于这一内在点(从不会"先于",也不会"从外部"),且一种本质的先存(préexistence)——关于世界的整体法则——应当从我们这里逃脱,从而使我们可以将其谈论:"莱布尼茨的哲学(……)要求这一世界的理想化先存(……),这一事件中缄默且多疑的部分。我们只能探讨那

些已经介入将其表达的灵魂，介入将其执行的身体中的事件，但如果没有这撤离的一部分，我们完全无法言说。"（第142页）

"缄默且多疑的部分"的形象是美妙且协调的。然而应看到，对于莱布尼茨-德勒兹而言，事件中极端——多疑的——部分是先存的**整体**。也就是说，在**多**的有机本体论中，事件就像是一种自发举止，它基于总体的动物性的隐晦内容。德勒兹认为莱布尼茨的"手法主义"*——与笛卡尔的古典主义相对——包括两个方面："第一个方面，是与属性的本质性相对立的手法的自发性。第二个方面，是与形式的明晰相对立的隐晦内容的普遍存在，没有这些内容，手法便无从产生。"（第76页）

对于莱布尼茨-德勒兹，作为"隐晦内容"的世界的先存将事件标记为手法，这与多的有机

---

* 法语为maniérisme，又译作"矫饰主义""风格主义"，16世纪欧洲的一种艺术风格。——译注

性相协调。这一概念允许人们通过内在性和极端的无限性来"谈论"事件。思考事件,或是定义独特的概念,始终需要介入与撤离的结合,世界(或情境)与无限的结合。

2. 德勒兹这部书中最为激烈,在我看来也最为完整的章节是关于"充足理由"(raison suffisante)的第四章。为何德勒兹在这一部分中表现得尤为精湛(且忠实)?因为他给出的原则——即"事件与谓项的同一"(第55页),或更好地被概括为"一切皆有概念!"——事实上是其自身才华的准则,没有这一公理他将无力探讨哲学。

再一次,德勒兹的决心在于通过细微的差别使既定的辩证法变得模糊:理性原则使**唯名主义**和**普遍主义**可以叠加在每一个点上。这便是德勒兹最为深刻的思想纲要:

对于一些人即**唯名论者**,个体是唯一的存在,概念只是被规定的字词;对于另一些人即**普遍主义者**,概念可以无限地自我规定,个体则只与偶然或外在于概念的决断相关。但对于莱布尼茨而言,仅有个体存在,且同时依凭概念的力量:单子或灵魂。同时,这一概念的力量(生成主体)不在于无限地规定某种类型,而在于聚集和延长独特性。这里的独特性不是普遍性,而是事件,是点滴的事件。(第86页)

我们认可莱布尼茨-德勒兹的观点,即**唯名主义/普遍主义**这一组关系应当被颠覆。但它能否如"单子的"陈述所示:一切皆有概念?

事实上,德勒兹回到了普遍的公理上——尽管是隐秘地——回到了唯名主义和普遍主义,这一公理认定**多**的一切都没有概念。

对于**唯名主义**,**多**是存在的,概念也是如此，一因而只是语言；对于普遍主义者，一依据概念而存在，多则是非本质的。莱布尼茨-德勒兹说：多通过概念而存在，或，多存在于一之中。这正是单子的功能：在多中对一进行切分，使其具备这种"多"的概念。我们因而建立起一种丰富的模糊性，一边是"……的元素"或"属于……"的本体论范畴，另一边则是"有某种特性"或"有此类谓项"的知识范畴。德勒兹清楚地写道："归根结底，一个单子的特性，不是某种抽象的属性[……]，而是其他的单子。"（第148页）

到了这一点上，思想承受着极端的压力：

——抑或多是纯粹的诸多之多（multiple de multiples），不存有可支撑"一切皆有概念"的一；

——抑或多"占有"特性，这不能仅以元素或从属的多为名义：需要存有概念的内在性，存有本质。

德勒兹称赞 G. 塔尔德（G. Tarde）注意到莱布尼茨思想中的某种替换，即用存在替换拥有：单子的存在是其"占有"之物的总和，是细微、等级性、持续的清点——"新的部分在于对占有物的种类、程度、关系和变量进行分析，使之成为**存在**概念的内容或发展"（第 147 页）。

诚然，德勒兹很清楚这里的"占有""拥有""归属"是隐喻性的操作。但在拥有（或支配）层面对存在的分析有助于使概念过渡到多的结构中，且无须明确地解决关于一的问题。此外，对于德勒兹而言，问题比对于莱布尼茨更为尖锐，因为后者认为存在着一种总体语言，一种所有多样性的整合系列，那便是上帝。如果没有这个停止点，扩散必然会使得概念（默认情况下为一）成为一种虚构（例如对于莱布尼茨而言，消失量或无穷小量这样的关键概念）。

或许有一种解决方案，被德勒兹部分地采纳。这意味着区分知识（或百科全书式的概念）

的操作和真理（或事件性的概念）的操作。从情境的角度看，在"单子的"内在上，的确一切皆有概念（百科全书式），但没有什么是事件（仅有事实）。从事件的角度看，将存有一种真理（情境的），作为百科全书式的概念，它是局部"可操纵的"，但在总体上是不可辨别的。

正是在这一区分的深处，德勒兹-莱布尼茨辨别出世界思想的"两个阶层"，现实化（单子）阶层和实在化（身体）阶层（参见第 41 页）。我们可以说单子在无限地进行真理验证，其对象是以身体作为实现的事物。或者说单子是真理的一个函子（foncteur），而身体则是百科全书式的整合。对应现实化的是"无穷弯折的曲线"的数学隐喻（第 136 页），对应实在化的则是"决定极值的坐标"（同上）。我们可以在这里毫不费力地辨认出真理的"开放"轨迹，考虑到知识"情境中的"的稳定性。

但德勒兹同时试图将这两个区分开来的阶层

"重新缝合"，或将其彼此折叠。为了保持差异，事件应在某一点上打破"一切皆有概念"，它必须能够成为意义的故障。然而，莱布尼茨-德勒兹试图证明一切表面的故障、一切分隔开来的准确事实上都是连续性（continuité）的高级策略。

在"修复"莱布尼茨逻辑中明显的缺口时，德勒兹的光芒是无比耀眼的。

人们在传统意义上反对莱布尼茨，认为单子论禁止了一切针对关系的思考？不是这样的，德勒兹证明了莱布尼茨"只做了这一件事，思考关系"（第72页）。他简要地做出了这一令人震惊的关联定义："非关联（non-rapport）与物质的整体-部分（tout-parties）的统一。"（第62页）这一定义印证了在数学本体论上，应用多-空（multiple-vide）取代整体-部分。

我们是否可以认为在"充足理由"原则（要求一切皆有概念和行动，因而将所有事物连接起来）与"不可分辨"原则（假定没有彼此类同的真实存在，因而将所有事物分隔开来）之间存在着某种不可承受的矛盾？德勒兹很快便做出了否定回答，理由的连接与不可分辨之物的中断只是催生了最好的"流动"（flux），即最高等的连续性："不可分辨原则建立起切口（coupure）；但切口不是连续性的空缺或断裂，相反地，它对连续的事物加以重新安排，从而以这种方式使空缺不复存在，也就是说，以'最好的'方式。"（第88页）这也是为何"我们无法知晓感性在何处结束，心智从何处开始"（同上）：我们看到，普遍的事件性对于德勒兹-莱布尼茨而言也是普遍的连续性。又或者说，对于莱布尼茨-德勒兹，"一切到来"意味着：没有任何事物被打断，因此一切皆有概念，即以弯曲-切口或褶子的形式包含在连续性之中。

3. 看到德勒兹自然而然地谈及作为思想家

兼诗人的马拉美,并将其归入最伟大的行列,这是多么愉悦啊!

在第 43 页,德勒兹将马拉美誉为"伟大的巴洛克诗人"。为何?因为"褶子[……]是马拉美最为重要的操作行为"。他将扇子称作"重重褶皱"(pli selon pli),将圣书(Livre)的纸页喻为"思想的褶子"……褶子是"产生存在的统一性,产生包含的多样性,趋于稳定的集体性"。(同上)

这一褶子的拓扑学在描述上是无可争议的。推论其后果,它促使德勒兹写道:"圣书,作为事件的褶子。"

第 90 页,马拉美再次被提及,他和尼采一同被视为"对**世界之思考**的揭示,掷出一枚骰子"。骰子的投掷,在德勒兹看来,"是肯定**偶然**、思考一切偶然的力量,这尤其不是一种原则,而是一切原则的缺失。它将来自偶然且试图通过原则限制来将其逃避的事物归为缺失或虚无"。德勒兹的目标是明确的：证明在莱布尼茨的巴洛克风格之外存在着我们的世界，那里的游戏"将不可共容的事物带入同一个破碎的世界"（同上）。

让马拉美服务于这一目标是自相矛盾的，我将回到这一点上。然而，与之相反，这一援引能够帮助我们理解为何德勒兹列出的关于事件的思考者（斯多葛派、莱布尼茨、怀特海……）也都反对一切事件的概念：他们是空、偏斜（clinamen）、偶然、交替分离、彻底断裂、理念的明确反对者，简言之，反对一切我们可以尝试从中联想到事件-断裂的事物，即首先没有内在也没有连接的事物：分离的空。

实际上，"事件"对于德勒兹而言意味着完全相反的内容：一种基于总体的内在活动，当然也是一种创造和革新，但它只能在连续的内在性中被考虑。它也是一种生命冲动。又或者是：一种扩张、强度和独特性的复合体，在流动中被及时地反映和实现（参见第 109 页）。"事件"是既无休止也无标准的举止，它在很多方面影响着无政府且唯一的**动物-世界**。"事件"指的是**世界**的谓项-举止："谓项或事件"，莱布尼茨这样说。"事件"仅是主语-动词-补语系统中的语言性联系，它反对本质主义且永恒的归因判断（jugement d'attribution），我们将后者归咎于柏拉图或笛卡尔。"莱布尼茨式的包含基于主语-动词-补语的模式，该种模式自古以来就抗拒着归因：一种巴洛克式语法，谓项在其中首先是关系和事件，而不是属性。"（第 71 页）

德勒兹保存了内在性，将中断与顿挫排除在外，且仅将归因判断（也是对存在-一的判断）的定性（或概念）转移至主观且互补的主动模式。

在空之外，德勒兹-莱布尼茨试图在充实的肌体中，在褶子的内在中辨读"到来的东西"。其话语的最后一个关键便是：内在性。

主体、内在性

德勒兹试图效仿莱布尼茨最为矛盾的举措：确立作为"绝对内在性"的单子，并进行最为严格的分析，后者是外部性（或所有物）的联系，尤其是灵魂与身体的联系。将**域外**视作**域内**的准确返还（réversion）或"膜片"（membrane），将**世界**辨读为内在的结构，将宏观（或**模态化**）考虑为微观（或**分子化**）的扭转：或许正是这些操作构成了**褶子**概念的真正有效性。例如："单子的'单边性'意味着闭合条件下世界的扭转，意味着无穷的褶子，其展开只能通过对另一边的恢复，不是作为单子的外部，而是作为其自身内在性的外部或外域：一面隔板，一个柔软而黏着的膜片，与整个域内同外延。"（第149页）可以看到，德勒兹通过**褶子**寻找着内在性（或主体）的形象，**不是**反思（或"我思"），**不是**相关（rapport-à），**不是**目标（或意向性），**也不是**纯粹的空点（或消失）。不是笛卡尔，不是胡塞尔，不是拉康。这是一种绝对的内在性，却是"返回的"，以至它拥有与**整体**的联系，一种"与绝对的内部毗邻的不可定位的初级联系"（第149页）。这一初级联系——绝对的内在性借此被折叠为纯粹的外部——被莱布尼茨称为链（*vinculum*），正是通过它，单子的内部从属于（或阐明）"外部的"单子，且无须"穿越"其内在性。

德勒兹的分析——考虑到**褶子**和链的概念——是极为出色的（整个第八章）。在那里存有一种智慧，被其挑战和对全新路径的探索所激发：一种可以直接地表述反思**主体**惯有的封闭（但没有反思的明晰性）和经验**主体**的巴洛克式多孔性（但没有机械的被动性）的**主体**。一种与世界等同的亲密性，一种在身体各处被折叠的灵

魂:多么美妙的惊喜!德勒兹是这样概括其前提的:

> (1)每一个个别的单子都拥有一个无法割舍的身体;(2)每一个都拥有身体,它是固定在其自身的链(它的链)的恒定主体;(3)这里的链是大群单子的变量;(4)这群单子与其所属的物质部分的无限性密不可分;(5)这些物质部分构成了一个身体的有机部分,与变量相关的链确保了特定的统一性;(6)这个身体属于个别的单子,是它的身体,它已经具备了个体的统一性,这要归功于目前与常量相关的链。(第152页)

这一观念中的**主体**被视作内在性,其自身的外部与世界无穷的**多**之间有着原生的联系,该观念有三大主要效应。

第一,它解除了对"客体"一切关联的认知。认识是通过内在感知的总和来运作的,它是

"膜片"的一种内部效应,是"成群的"多样性的包容或支配。认识,就是展开内部的复杂性。在这一意义上,莱布尼茨-德勒兹赞同我所谓的"无客体的主体"的当代问题:"我始终在两个褶子之间展开,如果说感知就是展开,那我便始终是在褶子之中感知。一切感知都是幻觉的,因为感知没有客体。"(第125页)

第二,德勒兹-莱布尼茨的观念使**主体**成为一种系列,或是一种谓项的展开,而非某种实体或纯粹的自反性空点,无论主体是消隐的,还是与x客体处于先验的联系中。莱布尼茨-德勒兹的主体是完全多重的。例如:"一切实在都是主体,其谓项是被系列化的符号,所有的谓项构成这些系列的极限之间的关联。"(第64页)德勒兹补充道:"我们避免将极限与主体混淆。"这远非对莱布尼茨的信念的简单评注:当代的人道主义,所谓"人权",被一种作为极限的主体的无声观念彻底荼毒。然而实际上,主体至多支撑着多个系列的极限的关联。

第三,莱布尼茨-德勒兹的观念使**主体**成为产生真理与真理功能的(观)点,也是真理存在的观点。内在性首先便是对这样一个(观)点的占据。链也是对真理个案的排列。

德勒兹很正确地表明,如果这涉及某种"相对主义",那么它便不会损害到真理。因为依据(或伴随)观点(主体、单子、内在性)发生变化的不是真理。事实上,真理是变化,这规定了它仅对于一个(观)点是这样的:"这不是一种依据主体的真理的变化,而是主体出现变化的真理的条件。"(第27页)

事实上,这一"变化的"(或进展中的)真理观要求真理始终在某个点上,或根据其个案而得到安排。真实仅会在其变化的考察路径中得到呈现:"观点在每一个变化的领域中都是安排个案的力量,是真实得以呈现的条件。"(第30页)

困难或许在于,这些考虑与一种同事件"不

可分割"的看法联系在一起，即（观）点。德勒兹以其惯有的洞察力注意到了这一点："在两个观点之间当然不存在空。"（第 28 页）但空的缺失在观点之间引入了一种彻底的连续性。这样一来，归属于整体的连续性便与变化的独特性对立起来。但相反地，真理或许正是生成-变化（devenir-varié）。由于这种生成是通过空与其余一切分离，真理便是听任于**偶然**（*Hasard*）的路径。莱布尼茨和德勒兹最终都无法赞同这一点，因为本体有机论排除了空，其依据是**动物伟大的全体性**法则（或欲望，这是一回事）。

自然与真理

德勒兹哲学计划的广度是极端的，其文笔朴实而又热情。德勒兹是一位伟大的哲学家，他追求并创造了真正意义上的哲学的伟大。

这种伟大以**自然**（Nature）为范式。德勒兹追求并创造了一种**自然**"的"哲学，或更应称之为自然哲学。由此我们可以体会到一种对**世界**生命的想象性描述，正如这般描述下的生命能够包含——如同其某种生动的举止——描述本身。

我并未轻率地使用"生命"（*vie*）一词。流、欲望、褶子：这些概念都是生命的感应者，是思想为生命世界、为当下世界所设下的描述性陷阱。德勒兹钟爱巴洛克，因为对于巴洛克，"理性原则是真实的呐喊：并非一切都是鱼，但随处有鱼（……）没有普遍性，但生命无所不在"（第 14 页）。

一个概念必须通过其生物评估或是生物学的考验。**褶子**也是如此："关键在于两种观念（渐成［épigénèse］与先成［préformation］）都将有机体设想为原始的褶子、折痕或是弯折（生物学永远不会弃置这一生命体的决断，正如当今球状蛋白的基本折叠所证明的那样）。"（第 15 页）

关于身体，以及思想受身体影响的固有方式的问题——对于德勒兹而言——是本质性的。褶子是思想与身体之间不可理解的联系的恰当写照。德勒兹这部书整个结论性的第三部分以《拥有身体》为标题。我们在此读到："[褶子]也在灵魂与身体间穿行，但它已经穿行在身体一侧的无机与有机之间，还有灵魂一侧的单子的'种类'之间。这是一种极为曲折的褶子，一种之字蜿蜒，一种不可定位的原始联系。"（第162页）

当德勒兹谈到"现代数学家"时，其所指的当然是托姆（Thom）或曼德尔布罗特（Mandelbrot），他们（事实上他们不只是伟大的数学家）尝试了一种形态、建模、描述的投射，从某些数学概念投射到地质、有机、社会等经验层面。数学被观照、被引用仅仅是由于它试图不通过中介而被包含在某种自然现象学之中（参见第22—23页）。

我也没有轻率地使用"描述"一词。描述、

叙事，我们看到德勒兹要求这种思维的方式，以反对本质主义的论证或辩证法的展开。德勒兹使思想在世界的迷宫中游弋，他留下些许踪迹、线索，他为走兽和幽灵设下了心理的陷阱。单子论和游牧论：他自己做出了这一字面上的置换。*他希望问题是间接而局部的，镜子是有色的，紧密的网格迫使人们眯缝双眼，以窥见存在的轮廓。应更为敏锐地感知，使假定的确信游荡并流传。

最后，当我们阅读德勒兹时，我们永远无法准确地知道是谁在言说，谁在确保言说的内容，或是表达肯定。莱布尼茨？德勒兹？真诚的读者？路过的艺术者？德勒兹给出的亨利·詹姆斯（Henry James）小说的矩阵（尤为出色）是对其自己哲学作品的迂回讽喻："那个我向你们所说的，以及你们也在考虑的，你们是否同意关于

---

* "单子论"和"游牧论"的法文分别为 monadologie 和 nomadologie，其构词上存在着字母的置换。——译注

他的言说?条件是我们知道关于她应坚持的是什么,是我们也应赞同他和她的身份。"(第30页)这就是我所说的为思想的描述。相较于做出决断(他、她、那个等等),更重要的是被引导至那个捕获点或瞄准点,在那里,这些决断安排出一种形象、一种举止、一种情势。

如果德勒兹少一些审慎,或更为直接一些,那么他可能会冒大量纯粹的描述的风险,以柏拉图的《蒂迈欧篇》(*Timée*)、笛卡尔的《论世界》(*Le Monde*)、黑格尔的《自然哲学》(*La Nature*)甚至是柏格森的《创造进化论》(*L'Évolution créatrice*)的风格。这是一种传统。但他更倾向于暗示这些尝试中空的可能性(当代的不可能性)。他通过陈述概念、操作和"构形成分"(formants)将其暗示。**褶子**或许是所有这些内容中最为重要的(超过**差异、重复、欲望、流动、分子化、模态化、影像、运动**等)。通过部分的描述,德勒兹将褶子作为**伟大**

的描述 (Grande Description) 或对世界生命的总体把握中可能的一部分提出，这一部分将是无穷尽的。

五个重点

本文的作者做出了另一种本体论的选择，关于减法、空和数元 (mathème) 的选择。对于他而言，归属和包含扮演着德勒兹的**褶子**和**世界**的角色。

然而"事件"一词，对于不同的人来说，都象征着**存在**的某种边缘，或是某种凸边，正如**真** (Vrai) 所指定的是其独特性。对于我和德勒兹而言，真理既非一致也非结构。真理是一个无穷的过程，它偶然地起源于某个点。

所有这一切的结果是无穷小的邻近和无穷大的远离的某种奇特混合。我在这里仅举几个例子，这些例子也足以用于对德勒兹思想的再一次对比式阐述。

1. 事件

事件的发生中存有溢出（阴影或光明，这是一回事），这一发生是创造性的，我认同这一点。但我对该种溢出的安排与德勒兹相反，德勒兹是在**世界**的无穷尽之中将其审视。

在我看来，事件并非理想地维持其世界不可汲尽的储备和无声的（或难以分辨的）溢出，而是无所依附，保持分离、空缺，或——像马拉美所说的——"纯粹"。相反，是那些事后在灵魂中被命名或在身体中被执行的部分实现了事件总体或理想的世界化（悬置的效应，我称之为真理）。事件的溢出与情境的关系永远不会像与某种有机的"昏暗背景"一样，而像是与多的关系，事件在此计数不为一。结果便是其无声或缩减的部分成为将来的无穷大，成为一种后存

(post-existence),它将与事件的额外部分分离的纯粹点带回世界,以一种无穷包含的艰难且不可完成的形式。德勒兹在那里看到了一种存在的"方式",而我想说,真理在物质世界的后存将事件标记为分离,这与多的数学原理是一致的(但若考虑到其有机性,事实就并非如此)。

"事件"意味着:在连续性缺失、意义悬置的情况下,存有一,因此也存有一些真理,这些真理是冒险的轨迹,从概念的百科全书中被减去——出于对这额外的一的忠诚。

2. 本质、关系、整体

在对本质的抗争中,德勒兹提倡动词的主动态和补语的作用,并使这一"动力论"——对立于归因判断——基于**整体**无尽的运动。

然而,动词相较于表语形容词的关系优先性是否足以保全独特性,足以使我们摆脱**本质**?是否应令事件规避任何关系正如规避任何属性,规避动词,正如规避系词的存在?事件的发生是否经受着连续性,或有所间隔,在动词的主语及其补语之间。

伟大的整体(Grand Tout)无疑消除了独特性的局部举止,正如超验的**本质**压倒了个体性。独特性要求分隔距离的绝对性,虚无因而成为**存在**之点。独特性无法承受一(本质)和整体(世界)的内在先存。

3. 马拉美

出于描述意义上的精准,**褶子**的现象学不能用以思考马拉美诗歌的要素。它只是一个次要的时刻,一种局部的跨越,一种描述性的停滞。世界被折叠,是褶皱或是展开;然而,世界-扇子,以及孤独之石,对于马拉美而言都不是诗歌的关键。与褶子对应的是星形点,冰冷的火焰将褶子投入虚无之中,并使不包含任何褶子的"纯概念"永存。谁能够相信那写出"沉默之石"、因"遗忘和废弃而冰冷的"星丛、"冷宝石"、圣约翰被割断的头颅、**子夜**等意象的人，会将"折叠、展开、再折叠"作为任务？马拉美的基本"操作行动"是切割，是分离，是纯粹点的超验出现，是排除一切偶然的**理念**，简言之，是褶子的对立面，是对障碍和错乱的隐喻。诗歌是褶子的凿子。

圣书不是"**事件**的**褶子**"，它是事件性（événementialité）的纯粹概念，是对一切事件之缺席的诗性分离。更普遍地说，马拉美无法被用于德勒兹的目标（证明**世界**之系列的分歧，命令我们折叠、展开、再折叠），原因如下。

（1）**偶然**（Hasard）不是一切原则的缺失，而是"对一切原则的否定"，这一"细微差别"将马拉美与德勒兹、与通向黑格尔的道路分隔来开。

（2）**偶然**，作为否定的象征，是某种辩证法（"**无穷**出自**偶然**，你们却将其否认"）的主要载体，而非某种**游戏**（尼采意义上的）的主要载体。

(3) **偶然**是其**理念**的自我实现，在所有涉及偶然的行为中，以至它是一种被限定的肯定力量，而绝非世界的相关性（"思想-世界"的表述是很不恰当的）。

(4) **偶然**亦是事件的纯粹思想，通过思想而实现，这一实现不会释放"不可共性"或是"游戏般的混乱"，而是一种"**星丛**"（Constellation），一种孤立的**理念**，其纲要是一种**数**（"唯一的数，不能是其他某个数"）。它是黑格尔的辩证法与柏拉图的**可知性**的配对。

(5) 问题不在于将与**偶然**对立的部分归为虚无，而是将虚无抛弃，从而产生象征着与事件绝对分离的超验的星型孤立。马拉美的核心概念显然不是**褶子**，而是纯粹（pureté）。《伊纪杜尔》（*Igitur*）的中心句这样总结道："**虚无**走了，留下的是纯粹的城堡。"

4. 客体范畴的毁灭

同莱布尼茨一样，德勒兹的才干之一便是思考无客体的认识。客体范畴的毁灭是哲学现代性的一个重要过程。但帕斯卡尔会说，德勒兹的才干"只在一定的程度上"。陷于**整体**的诡辩和对空的否定中，德勒兹将客体的缺失归因于内在性（单子的）。然而客体缺失的原因是，真理在知识当中是一个洞穿的过程，而不是展开的过程。也因为主体是洞穿轨迹的微分，而不是与世界多样性之主要联系的**一**。在我看来，如果不是客体，德勒兹也至少保留了客观性的轮廓，只要他仍将主动性/被动性（或褶子/展开褶子）这一组关系维系在认识问题的中心。他不得不这样做，因为他关于**多**的学说是有机论或生机论的。在一种数学化的概念中，**真**的泛型（或"洞"）不包含主动性或是被动性，而是轨迹、遭遇。

5. 主体

德勒兹有千万种理由将**主体**思考为多的关联，或"多种极限的关联"，而不是单一的极限（回到人文主义的**主体**上来）。

然而，我们最终必须明确区分作为多重构型的主体，以及其余的在某种情境中频繁出现的"多种极限的关联"。我提出了一种标准，即有穷的片段：主体是真理过程中的有穷差异。很明显，随着莱布尼茨的步伐，我们相反地拥有了一种内在性——一——其链服从于无穷的多重性。

德勒兹的主体（即主体-褶子）的数学公式是 $\frac{1}{\infty}$，这也是单子的公式，即便其明确部分是 $\frac{1}{\eta}$（参见第 178 页）。它阐明了**一与无穷**（Infini）。我倾向于相信任何有穷的公式都表达了一个主体，如果这一公式是真理生成过程中的局部微分。我们因此回到了这些过程及其类型的特征**数**上。无论如何，$\frac{1}{\infty}$ 的公式毫无疑问地将我们带入

主体的圈套中,其范式是上帝,即**一--无穷**。在这一点上,**一**就其在事件分析中的极端缺失展开了报复:如果事件被化约为事实,如果"一切都是事件",那么**主体**应将其承担,**一**和**无穷**也是同理。莱布尼茨-德勒兹无法逃脱这一规则。

相反,应放弃纯粹的内在性,即便其回到了同外延的外在性上,以实现**偶然**的局部微分。这一偶然既无内在也无外在,而是某种限度和语言(该语言"迫使"其有穷的多样化生成的主体点无穷变化)的配对。在莱布尼茨-德勒兹的主体中,有太多实体、太多凹痕。那里只有点,只有名称。

结语

德勒兹结合了"描述性数学"的方法,局部地探测其特性,且未引入其系统性价值。

但哲学是否能够,是否应该立足于对**世界**生命之描述的内在之中?弃绝世界的另一条路径是对真理的拯救,当德勒兹的路径是表现性和游戏性的时候,另一条路径则是削减性和主动性的。面对**褶子**,另一条路径提出**空**的平静交错;面对流动,它提出事件的星状分隔;面对描述,它提出推论和公理;面对游戏和尝试,它提出忠实的组织;面对创造性的连续,它提出奠基性的中断。最后,面对生命的运作与真理的活动,它不会将其结合,而是分离,乃至对抗。

德勒兹或莱布尼茨是否接受了这一点:"灵魂是生命的原则,因其在场而非行动。力量在于在场而不在于行动"(第162页)?无论如何,在我看来,这是哲学应使我们偏离的重点。应该可以这样说:"真理是主体的原则,通过它所维持行动的空。真理是行动而非在场。"

在那以"哲学"为名的事物中,德勒兹与亲密的**他者**、与内心的敌人、与极端的改变不可思议地并行着。他有理由认为:我们无法在不灭亡的情况下与它们分开。然而,如果我们融洽地满足于此,我们同样会因此灭亡。

亚历山大·科耶夫：

黑格尔在法国

很特别的是，在50年代末和60年代初的形式人文科学热潮中，黑格尔的《精神现象学》是陪伴我们的古典哲学读物之一。我们通过让·伊波利特（Jean Hyppolite）这位学术大家令人惊叹的译文读到了该著作，也因此间接地接受了科耶夫的训导，后者在其著名的研讨班中将黑格尔的"病毒"传播给了巴塔耶或拉康等人。实际上，我们认为黑格尔的哲学也是一种形式化的神话学，与列维-斯特劳斯相媲美。这也是为何在后来，我开始偏好同一作者的《逻辑学》，该著作的极度抽象始终令我着迷。后来发表的一篇短文（摘自1976年由白乐桑［Joël Bellassen］、路易·莫索［Louis Mossot］和我共同撰写的一本小册子）回顾了黑格尔在法国的传播史，以及科耶夫的研讨班在其中扮演的关键角色。完整版（标题为《黑格尔辩证法的理性内核》［*Le Noyau rationnel de la dialectique hégélienne*］）已于近期在平凡原野出版社（Les prairies ordinaires）再版，标题为《红色年代》（*Les Années rouges*），同时出版的还有两部毛泽东时期的作品。

> 如果没有先前的德国哲学，
>
> 尤其是黑格尔哲学，
>
> 德国的科学社会主义，
>
> 唯一存在过的科学社会主义，
>
> 就不会被建立。
>
> ——恩格斯，《德国农民战争》序言

黑格尔在法国的生命力是新近涌现的，它遵循着一条独特的轨迹，该轨迹在今日只是模糊了它与马克思主义的关联，并与辩证法的理性内核渐行渐远。

在我们看来，黑格尔的思想被非纯粹学术化地纳入时代的意识形态关注中，应追溯至 30 年代科耶夫的研讨班。从此往后，黑格尔的形象得到了描绘，为摆脱这一形象需要 30 余年的时间——然而这依然没有奏效，远远没有。

科耶夫的黑格尔仅限于《精神现象学》的黑格尔，包括自我意识分化的唯心主义，从感性直接性到绝对知识的上升隐喻，以及位处核心的**主奴**辩证法。与**他者**对抗的形式主义具有将自身置于危险与死亡特征下的诗性效力：这样的黑格尔可以在马尔罗的革命浪漫主义和超现实主义者那里找到听众。巴塔耶和布勒东（Breton）也都表示深受科耶夫影响。

在让·伊波利特的翻译和论文的坚实支撑

下，这一片面的形象在战后得到了萨特等人的大规模推广。"为他人"的悲观主义（他人即地狱）便从中汲取了养分。在精神分析方面，拉康本人（扎根于其超现实主义的友谊中）在其早期的著述中找到了构建**想象**（Imaginaire）学说的素材：自恋与侵略性正处于主奴的对称体系中。

简言之：超现实主义者和存在主义者在黑格尔那里找到了构筑一种浪漫而紧张的唯心主义的素材，这种唯心主义将情感主体放回到世界经验的中心，并通过其悲怆来衡量布尔什维克革命在世界各处所引起的历史动荡。考虑到十月革命、经济危机、法西斯主义和战争如暴风雨般将意识的形式重塑，年轻的黑格尔——1789年革命和拿破仑战争的见证者，充当着一座攻城机器，以反对国家科学院陈旧的实证主义，反对法国后康德主义者的阴险呼声，反对激进党"思想家"的世俗人文主义。

黑格尔在法国，首先且尤其是悲剧理想主义

反抗科学理想主义。从这个意义上讲，黑格尔的突然出现是对时代的隐蔽见证，在最为深刻的主观理想中，他用被诅咒的作家和第三国际职业革命家的双重形象——全世界暴力而隐秘的人——来取代学院派的矫饰和善。

在这片土地上，黑格尔与马克思主义的相遇是不可避免的，同时也是不可能的。主观上，当时黑格尔的信徒们都以革命为赌注并憎恨资产阶级秩序。布勒东和萨特两人都必然面临这样一个必要阶段：与共产主义者共事。然而，作为同马尔罗一样的浪漫个人主义拥护者，他们无法完全容忍这一共事的精神后果。萨特对政党的无产阶级现实保持模棱两可的态度，这一矛盾的情境催生了一项宏伟的事业，另一方面，他有许多的前辈，尤其是在德国：使马克思主义本身进入主观唯心主义。这一次，黑格尔的返回是通过对马克思主义之颠覆的再度颠覆，如同一台将辩证唯物主义倒置的机器。这便是黑格尔化的马克思主义的全部历史，其核心范畴是异化，其命运则在青年马克思的一部重要作品中得到体现：《1844年手稿》。关于这一点，科耶夫的研讨课也没有遗漏，因为它强调了出自主奴辩证法的**劳动**（Travail）范畴的产生，该范畴在表面上是马克思主义政治经济学与自我意识相连接的焦点。

在《辩证理性批判》中（不过是在青年卢卡奇[Lukács]之后，在柯尔施[Korsch]之后），萨特于同一运动中盛赞马克思主义是我们文化不可逾越的视界，并致力于摧毁这一马克思主义，通过使其强制回归到起初的也最为相悖的观点："我思"的透明性。事实上，在坚持儒勒·盖德（Jules Guesde）式科学主义的党派知识分子的封闭圈之外，这是法国市场上唯一可能的马克思，同时也是唯一的黑格尔。

错误的两者，这里的马克思和黑格尔，前者被简化为后者，后者则与自己为前者开辟道路的部分分离：《大逻辑》。

随着历史视野的深化,逆流出现了。第二次世界大战效应的终止,法国共产党对资产阶级和沙文主义修正的明确介入(在这一点上,阿尔及利亚战争的经验具有决定性),中国无产阶级力量的上升,每个人都被要求参与到民族解放战争之中,知识分子不得不为自己创造一片新的土壤,并以不同的理念武装自己。"路上的伙伴"已经死于饥馑。意识哲学不再值得追求,其作用本是——鉴于一场如火如荼的革命——维持介入和保守的双重关系。

暂时孤立的知识分子被迫以这种身份认同自己,并在这种重新认同的基础上重新定义他们与马克思主义的关系。第一项任务是对知识和智力进行绝对评估,这便是结构主义。第二项任务则是通过剧烈的摇摆,使马克思成为社会结构的学者,而非**他者**和**劳动**的形而上学者。在这两种情况下,人们都高呼与黑格尔决裂。

众所周知,阿尔都塞将靶心对准前期唯心的

马克思主义，他不认同青年马克思的《1844年经济学哲学手稿》，且令黑格尔成为绝对的陪衬，直至提出黑格尔与马克思之间存在根本断裂这一论点，在这一点上，一切都变得明晰。

这一澄清在当时（1963至1966年）起到了积极作用，中国在那一时期对现代修正主义的猛攻则是一种遥远的支援，通过其采取的教义形式。阿尔都塞使马克思主义恢复了一种粗暴的锐利，使其与主观主义的传统分隔开来，从而作为实证知识重整旗鼓。与此同时，马克思和黑格尔，尽管彼此不同，却都与前期一样遭到排斥。黑格尔作为片面的形象被视作目标，甚至因此得到认同：阿尔都塞和萨特都没有看到《大逻辑》中唯物主义的黑格尔。马克思则适应了结构主义的观点，他在科学中所获得的仅是在阶级的历史性中失去的东西。50年代黑格尔化的马克思是一个思辨的形象，但也可能是革命的形象。60年代反黑格尔主义的马克思是学术性的，却仅局限于研讨班的范围。又或者，可以在哲学上将两者集结：马克思-黑格尔属于唯心主义辩证法，反黑格尔的马克思则属于形而上学唯物主义。

五月风暴令大众阶层明白，为将马克思主义重新投入真正的革命运动中，急需的全然不是民族知识传统的动摇（介于我思的笛卡尔即萨特，以及机器式的笛卡尔即阿尔都塞之间）。在暴风雨的考验下，阿尔都塞的实证主义马克思——因其与法国共产党的"科技革命"的联系——甚至比萨特的唯心主义马克思更为危险。这一点体现在选择和紧要关头中：阿尔都塞终究是站在瓦尔德克·罗歇（Waldeck Rochet）一边；萨特则不顾一切地选择了"毛泽东思想"。

在今日的法国，显然有必要建立起列宁在1921年（有关托洛茨基在公会运动上的错误）所竭力呼吁的"一种黑格尔辩证法的唯物主义之友联盟"，他赋予这一联盟的任务不过是"宣传黑格尔的辩证法"。

这一点是急迫的，尤其是当我们看到以格卢克斯曼（Glucksmann）为首的那些快活的"新哲学家"，正尝试绕圈折返时。

在20世纪上半叶，黑格尔扮演着唯心主义的调解者，使某种马克思适应了我们知识界的需要。随之而来的是科学主义传统的全力报复，占据舞台的是属于博学者的非政治性马克思，黑格尔则消失在悲苦的幕后。

毛泽东思想追随者的目标是打破这种交替、这种闪避。然而我们看到了什么？新哲学家们视黑格尔学说为幽灵，视其为国家的理性怪物。出于对辩证法的憎恨，他们更接近于阿尔都塞，而不是像后者一样，从这一阴影效应中为马克思汲取更多的光亮；另一些人的目的则是将马克思和黑格尔——重新视为同一——塞进思想大师们的阴暗口袋，那里是我们所有**恶**（Mal）的来源。

因此，与30年代开始的过程相反，是时候使我们不再适应马克思主义，使我们承认它的恐怖了，我们又一次操纵着这一中心哲学思想的斯芬克斯：黑格尔与马克思之间辩证关系的维系与分裂。

的确，我们需要从零开始，从而在哲学上认清马克思既不是黑格尔的**他者**，也不是其**自身**。马克思是黑格尔的因数（$diviseur$）。他同时规定了不可逆的有效性（辩证法的理性内核）和整体上的错误性（唯心主义的体系）。

黑格尔仍然是一场无休止的冲突中的关键，因为在对马克思/黑格尔关系的思考中，唯有对其分化的深入理解才禁止了唯心主义-浪漫主义的偏向，禁止了唯科学主义-学院式的偏向，并最终禁止了对马克思主义简单的仇恨。

对黑格尔的恢复并不是徒劳的，因为资产阶级的进攻性哲学总是以对黑格尔的排斥或是**整体**接纳为标志而不断前进，这些哲学的企图不是无视马克思主义，而是投身其中，使其中立化。

为此，依然要令被噤声的黑格尔发声，令本

质的黑格尔发声,那被列宁狂热地评注,被马克思称为《资本论》智慧来源的:《逻辑学》的黑格尔。

我们在尝试,我们在开始。

康吉莱姆有主体理论吗?

本文是我在国际哲学学院组织的一次研讨会上的发言,会议论文集已于1992年出版。康吉莱姆曾是我的导师之一,在最严格的字面意义上:我的硕士论文正是在他的指导下于1959年完成,论文标题颇具挑战性:《斯宾诺莎〈伦理学〉第一卷中的论证结构》(« La structure démonstrative dans le premier livre de L'Éthique de Spinoza »)。同样也是他,自1966年起,担任我博士论文(关于狄德罗)的导师,或者更应该说他本应如是,如果我最终完成了论文答辩;事实上我从未进行答辩,"五月风暴"及其后果使我绕开了这个计划,同时也远离了狄德罗。我对这个粗鲁、时常令人不悦的人怀有由衷的钦佩之情,我还细心地保存着来自他的几封在我看来毫不客气的信件。他通过艰涩而又精巧的结构来建立对柏格森乃至尼采的忠诚,而他同时是穆谢山(Mont Mouchet)游击队的战地医生之一,我无法在此将两者区分开来。

我的问题是:乔治·康吉莱姆的著作中是否存在主体学说?当然,向一部历史和认识论著作提出这样一个被明确回避的问题或将是徒劳的复杂化。我承认,这种复杂化是哲学家的怪癖。我想要传讯我的保证人。这些证人是如此不同,以至无法判断他们是道德还是非道德的证人。

这些证人中最可疑的显然是海德格尔,他在《形而上学导论》(*Introduction à la Métaphysique*)中表示:"哲学的本质不是使事物变得更简单、更轻、而是变得更复杂、更重。"

这些证人中最不可疑的将是乔治·康吉莱姆本人,他将有关生物学思想史中的规范性问题*的文本总结为:"作者认为哲学固有的功能是使人类存在复杂化,其中包括科学史学家的存在。"

就让我们复杂化吧,如果我能因此表达自我,那便肆意地复杂化吧。

乔治·康吉莱姆的作品中显然没有任何主体学说。这是事实的简单性。复杂的部分在于"主体"(sujet)——多次被康吉莱姆用作大写的**主体** (Sujet)——同样也是在某些思想行动的战略点上被召唤的操作者,在此我们要对这一行动致以敬意。

---

* 《生物学思想史中的规范性问题》(« La question de la normalité dans l'histoire de la pensée biologique ») 亦为康吉莱姆著作中一篇文章的标题。——译注

这些战略点或许都处在一条断裂线上，它们具有地震学上的价值。它们标示着思想地质板块与思想在行动中所支配的部分之间的断层和非连续性。我认为可以列出这些非连续性之中的三种：

——几乎是在本体论意义上，于自然的呈现中将生命体与非生命体区分开来的非连续性；

——在操作意义上，将技术与科学区分开来的非连续性；

——尤其是在伦理意义上，于医学中辨明知识维度与所谓相邻维度的非连续性。

之所以生命体在某种意义上对于康吉莱姆始终是前主体的（présubjectif），之所以生命体是一切可能的主体所基于的规定，是因为如果我们不将中心（或中心化）、规范和意义这三个与其相关的本质概念彼此连接，生命体将是不可设想的。第一种近似是一种明确的模式或主体的潜在性，它源于中心、规范和意义的这一节点。例如，节点可以这样被表达：任何生命体都是一个中心，因为它构筑了一个规范化的环境，其中的行为和规定在需求上看来具有意义。

以此种方式构想，中心化（centration）反对以唯一且单义的描述保持其实在的科学理论。生命体的多样性随即证明了世界的多样性，前提是我们将世界理解为意义的所在，围绕一个中心展开的它与规范相关。那里产生了所谓绝对者的冲突，这在著名的《生命体及其环境》（*Le Vivant et son milieu*）中被明确提出。

首先，康吉莱姆至少在理想的情况下对实在加以绝对化，以物理学赋予它的统一形式。例如：

> 对实在的定性只能严格适用于绝对宇宙（univers absolu），适用于被科学证明的要素和运动的普遍领域，对这一领域的认可必然伴随着所有主观中心化的固有领域的资格

丧失（以幻象或根本性的错误为名义），其中也包括人类的领域。

我们还注意到，这里的中心化与一种主体的内涵明确联系在一起。然而，这只是为了使该内涵暴露于那被科学限定的宇宙的绝对性所造成的失信之中。

但很快，这一绝对性又被另一种绝对性所阻碍。如康吉莱姆所言，"人类自身的领域并不像内容置于容器中的那般置身于普遍领域。中心在其自身环境中无法被分解"。从中心化过渡到意义的效应，他指出"一切生物学的不足在于，通过对物理和化学的科学精神的彻底服从，企图将一切对意义的考量从其领域中消除"。在联接最终完成后，康吉莱姆从意义转向了规范，并得出结论：

> 从生物学和心理学的角度看，意义是与

需求相关的价值评估。而需求对于那些将其体验并经历的人而言则是一个不可简化的,因而也是绝对的参照体系。

"绝对"一词在这里并非偶然,他强调说:

> 有一个可以被认为是绝对的参照中心。生命体正是一个参照中心。

因此,可以看到,普遍领域的客观绝对性与需求的主观绝对性相结合,这将其能量赋予中心化、规范和意义的三元组合。

从我们所探讨的领域看,这一绝对冲突的结果便是真正的实在,在实在中制造差异的部分变得完全不同。关于绝对宇宙或普遍领域,生命的领域不包含任何可将其分类或比较的意义。正如康吉莱姆所说,如果我们采纳自在(en-soi)的观点,则有必要认为"相较于鼠妇或灰鼠的领域，人类的感性和技术价值领域本身并不具备更多的实在性"。

如果我们相反地置身于中心化、规范和意义的前主体结构中，如果我们是鼠妇、灰鼠或是人类，一切将截然不同。关于需求的绝对性，普遍领域的绝对实在性是一种无足轻重的反自然。**现代人**知晓这一点，他们放弃了两种绝对的和谐。康吉莱姆称赞丰特奈勒（Fontenelle）正是那个以乐观的目光审视"一种**古人**眼中荒诞且令人沮丧的观点，即在无限**宇宙**中的无望**人类**"的人。我将补充一点：正是因为如此，主体概念才成为一个典型的现代概念。它标志着绝对的冲突。

然而，这是对复杂化的附加限制。将普遍领域的绝对与生命体中心化的前主体绝对性对立起来将是过分的简单。无论如何，人类主体都参与到了冲突的两个方面。作为科学的主体，它通过数学、实验和技术成为实在的绝对宇宙的组成部分，后者的一切中心都是缺失的。作为生命的主体，它通过自身中心化、规范化且有意义的领域的变化独特性来反对这一宇宙。自此，"主体"以某种方式所命名的并非绝对之失衡的一种术语，而是失衡本身的谜题。

然而，将这一谜题集中起来的正是认知主体在生命科学中的地位。涉及的是与偏离中心的宇宙相协调的博学主体，还是作为规范（始终存在一种以其为中心的绝对需求）缔造者的生命主体？这一问题策动了康吉莱姆几乎所有的文本。或许它还证明了生命科学的主体正处于绝对的冲突之中。

一方面，康吉莱姆反复强调生命体存在是一切生命科学的首要前提。《生命的认识》(*La Connaissance de la vie*) 的导言里这样写道："对生命体的思考应源自生命体的理念。"更进一步说，为了从事数学，我们可以只是天使，但为了从事生物学，"我们有时必须将自己视作走兽"。中心化的前主体独特性为我们共享，以其相对于认知的形式。也是这一独特性使得生命体——区别于物体——能够抵御一切超验的结构。更普遍地讲,正如康吉莱姆在《概念与生命》(*Le Concept et la Vie*)中所指出的,自生命体被考虑以来,便存在着"一种物的抵抗,不是针对认识,而是针对一种认识理论,后者源于对物的认识"。然而,在这一方面,源自物意味着置身于其绝对性之中,因此也是源自中心化和意义。康吉莱姆在这一点上毫不退让,在《生物学思想史中的规范性问题》中,他坚持认为:"对这些行为或规范的生命意义的拷问,尽管并不直接归属于物理或化学的范畴,却是生物学的一部分。"在这有限的意义上,生物学必然存在着主体的维度。

然而在另一方面,服从于科学理性的生物学与环境的中心化及独特性相决裂。它与支配普遍环境概念的"中立性"保持往来。它因而也是非主体的。诚然,科学是一种规范化的活动,又或者像康吉莱姆在《科学史的对象》(*L'Objet de l'histoire des sciences*) 中所说的，是一种"价值论的"活动。他补充说，这一活动的名义是"对真理的找寻"。但"对真理的找寻"是否源自生命需求的绝对性？支配对真理的找寻的规范难道不只是对聚焦需求主体的生命规范的延伸？这将只能在主体学说的范畴内得以建立，我们因而处于一个恶性循环之中。

最后看来，科学，甚至更普遍地说是其形式由科学所赋予的人类行动，无法在严格的自然范畴内被思考，这一范畴由中心化、规范和意义的节点所提出。面对亚当·斯密一篇关于多神论的文章，康吉莱姆赞誉其"观点朴实无华的深度，根据这一观点，人类实现超自然的前提是其行动在自然内部构成一种反自然 (contre-nature)"。主体，或至少说人类主体，是否自此于超自然的幻象中超越了自身行为的反自然？或许应该认为，无论如何，生物学的知识主体都谈论其操作与对象间的失衡、自然与反自然间的失衡,以及最后的绝对者之间的失衡。正因为如此,他无法被化约为生命体或博学者。

这也意味着另一点,我在此处要指出"主体"一词在某种意义上所包含的第二种显著的非连续性,即该主体既不是技术的,也不是科学的。因为康吉莱姆热衷于——继承了柏格森的思想——将技术呈现为生命规范效应的一种延续。然而,在此期间的科学超越了中心化的限制。因此他在《机器与机体》(« Machine et organisme »)一文中写道:

> 我们所尝试证实的解决方案的优势在于,通过技术将与生命保持连续性的人类呈现,而后再强调断裂,人类通过科学承担这一断裂的责任。

因此我认为,如我们所是的主体空泛地命名

了自然的连续性与反自然的非连续性之间的连接,这种连接本身被投射至技术与科学的复合体中,绝对性的冲突在那里实现。

对医学的考虑又一次使得这一临时的陈述饱和或复杂化。如果说康吉莱姆的作品中有一个始终不变的主题,那便是医学不可被简化为有效的科学性。1951 年,他坚定地表示"内外科行为不只是一种科学行为,因为病人将自己托付给意识,更胜于其医生的科学,这不仅是一个有待解决的生理问题,更是一种需要被解救的苦难"。1978 年,他大量地谈及主体内涵:

> 病人是一种**主体**,能够表达,在所有他仅能通过主有词进行指称的对象上,他将自己认可为**主体**:他的痛苦及其再现,他的焦虑,他的希望和梦想。甚至从合理性的角度看,我们可以在所有这些占有物上觉察到同样多的幻觉,总之,幻觉的能力应在其真实

性上得到承认。可以客观认同的是,幻觉的能力并不属于物的才能。[……]从医学知识的客观性中取消病人切身体验的主观性是无法实现的。[……]这一存在的抗议理应被听闻,它用一种无法超越的极限去反抗有根据的判断的合理性。

在第一段文字中,被谈及的苦难使主观的中心化不可避免地出现在医生的操作领域。在第二段文字中,主体具有幻觉的能力,通过这一能力他得以避免一切纯粹客观化的过程。作为主体的证明,幻觉和犯错的能力在此处是决定性的。它提醒我们,康吉莱姆曾这样评论奥古斯特·孔德(Auguste Comte)的拜物主义学说:"太初有**假想**(Fiction)。"在假想世界之初的是人类主体的抵抗,抗拒对其中心化之绝对性的摧毁。医学,通过自身的叙述而非仅通过自身的知识,应能与假想对话,主体则在假想中表达这一抵抗。

主体的主题最终编制出三重否定决断：

——中心化，作为生命体的绝对，阻碍了绝对宇宙的客观扩张；

——意义，通过标准的假设得以通过，阻碍了被完全化约为物理化学的生物学的完善；

——假想在最后通过生命体之苦难的纯粹知识阻碍了一种接近。

我们可以在比夏（Bichat）对生命的著名定义中找到这一否定的自我论（égologie），康吉莱姆时常引用这一定义。可以认为："主体是反抗客观化的功能集合。"但应马上补充说明的是，这并不是一种不可言喻之物。在康吉莱姆眼中明确存在着一种思想学科，它吸收了这些抵抗功能的配置。这一学科就是哲学。

问题因而变成了：这一仅被认识论和历史学间接提出的主体问题，康吉莱姆是从何种优先的哲学角度将其探讨？

至于认知主体或科学主体，我认为最好的出

发点存在于一篇十分短小、复杂的文章中,康吉莱姆在这篇文章里提出了一些保留性的意见或问题,来自对巴什拉某些观点的发展。以下是这篇文章的重要片段:

> 巴什拉继续使用心理学的词汇来阐述价值论类型的理性主义(……)。他呈现了被分割的**主体**的结构,这一**主体**被划分仅因其是价值论主体。"任何价值都将价值主体划分。"然而,如果我们可以认同规范心理和规范心理学的概念,那么我们没有理由对"规范化心理主义"感到惊讶吗?[……]无论如何,在不参考理性本体论或先验范畴论的前提下建立理性主义认识论的完整词汇是困难的,我们不会否认巴什拉在这一点上的清醒认知。

与巴什拉相反,康吉莱姆在这里坚决认为支

持科学客观性的主体学说不能是心理学的。这一反心理学的公理,康吉莱姆对其保有一贯的支持,与早期的胡塞尔一样,尽管两者的意图截然不同。在他看来,巴什拉在解决关于规范的关键问题时,未能与改良心理主义划清界限。

但很明显,先验类型的解决方案并不就此令康吉莱姆满意。他不满意是因为现代生物学似乎证实了最为古老的直觉:在生命的认识中,先验(a priori)并不在主体的一边,而是在客体或物的一边。生命体规定了生命体的思想,康吉莱姆在《概念与生命》中用这一观点驳斥先验主体的假设,他写道:"并不因为我是主体——在字面上的超验意义——而是因为我是生命体,所以我才应该在生命中寻求生命的参照。"在评论遗传密码的发现这一化学组合中真正的逻各斯时,他总结道:"将生命定义为物质所具有的意义,便是承认客观先验的存在,这是一种确切的物质先验,而不再仅是形式上的。"在那里,我们看到意义本身这一主观中心化的主要范畴，与某种超验主体的假设背道而驰。

康吉莱姆最终似乎也拒绝接受一个从他所谓的理性本体论中提取的主体，或是像柏拉图脱离理念的主体，或是像笛卡尔的与有思维的事物同外延的主体。这并不令人意外，因为这些主体并未探讨绝对的冲突，而是倾向于将中心主体与宇宙的绝对性强行联系在一起，这阻碍了他们对生命体的恰当思考。

既不是心理学的，也非先验或实体的，这一仅以化约或对客观化的抵抗为可见效应的主体又是什么呢？在我看来，康吉莱姆凭借着自己如话语伦理般的哲学判断力暗示了两条路径。

在关于伽利略的文章中，康吉莱姆重拾了学者的审判，并以宽赦收场。为何？因为在他看来，伽利略有理由在缺乏相关假设的实际证据时调用其验证的无限未来。在那里，我们将拥有知识主体的一个基本维度，即其历史性。该种主体

的独特地位一经确立,其本质就是在规则与效应中将自己假定为无限。例如:

> 伽利略在他作为人的存在中承担了衡量和协调经验这一无限的任务,这需要作为知识之无限主体的人类时间。

之所以科学主体可以同时类同于两种相互冲突的绝对——其生命的中心化和普遍环境的中立准则,是因为在每个独特的情况下,他都被呈现为无限任务的俘虏。该任务恰好在两个绝对者的差异中起作用。它通过生命体行为和思想的后果的无限历史来传达其独特性。"人类"因此便是一切独特的生命主体的通称,只要他存在于真理的历史中。

另一条路径与任务本身的性质有关,这是在知识的无限主体的假设之下进行的。在此可以找到位移(déplacement)这一概念,在我看来这或

许是康吉莱姆继"中心"之后最为重要的概念。以下是围绕这一概念所展开最充分的文字,摘自《概念与生命》:

> 当一个人没有处在适当的位置来收集他所寻找的某种信息时,他便是错误的。此外,他是通过大量的位移来获取信息,或是通过各种技术[……]将一些对象移向另一些对象,将整体移向他自己。认识便因此成为对最大数量和最多种类的信息的焦虑找寻。因此,如果先验存在于事物中,如果概念存在于生命中,为了成为认知主体,就仅需要对已发现的意义表示不满。主体性因而仅是一种不满足,但或许是针对生命本身。当代生物学,以某种方式解读,在某种意义上,是一种生命哲学。

我们看到,在前文被称为游荡(errance)的位移被认为是不受一切认知原则——包括错误——影响的主观性。这种自由将自己宣告为对某种意义的不满。它是使真理成为过程的生命能量。因为真理是在情境的不断位移中被获得的,这一位移用我自己的话说是一种探察(enquête)的体制。正是在探察过程中,或是在康吉莱姆所谓的位移的自由中,接连不断的真理才产生作用。

我没有轻率地使用"自由"一词。在关于正常和病理的文章中,康吉莱姆表示:

> 关于人类心理的规范,是将自由作为审查和制定规范的权力予以主张和利用,这种主张通常涉及疯狂的危险。

然而这种审查规范的权力必须以位移为方法,以至对自由的利用最终由规则支配,后者允许或限制了可能性与经验的发展。

诚然，对康吉莱姆而言，对"疯狂"的指控在任何情况下都不是一种对所有位移或试图位移的事物进行严格编码的可接受动机，这不是无关紧要的。这是关于真理的问题。

从根本上说，位移是生命体的活动，因其始终发生在规范中心化的内部，或者伴随着对中心位移的需求，后者也是意义的移动。但位移的无限性同样也预估出绝对的偏离中心的现实，这正是因为它在生命主体之外，且通过生命主体预设了一个可以自由位移的主体，换句话说，是一个在真正意义上被历史化的主体。相反，这样的一个主体不会放弃假想。因为正如康吉莱姆在《关于自达尔文以来的生命科学史》(*Sur l'histoire des sciences de la vie depuis Darwin*) 一书中写道的：

> 可能的生成的假想构成并不质疑其过往的实在性。相反，它强调其与人类责任相关的真

实历史特征，无论这些人是学者或是政治家；它排除了所有可能类似于**命定**（Fatalité）口授的历史叙述。

因此，主体最终是三件事：以人类的名义，它将独特性暴露于真理的无限生成之中；以认识的名义，它用生命体的天生不满打破了宇宙的中立丰满；以假想的名义，它避免了命定的诱惑。这种认知和虚构的人类首先应是位移自由，来去自由。

对于康吉莱姆而言，存在主体，这将是我的结论，只要在宇宙中存在这样一个生命体，它不满足于意义且能够改变其客观性的配置，那么在生命的秩序与形容词的模棱两可中，它始终表现为一个罕有位移的生命体。

保罗·利科的基督教假定主体[*]

---

[*] 关于 Paul Ricœur, *La Mémoire, l'histoire, l'oubli*, Paris, Le Seuil, 2000.

正是在利科的著作《记忆、历史、遗忘》（*La Mémoire, l'histoire, l'oubli*）问世之际，巴黎八大在 2001 年 10 月组织了关于这本书的讨论会，我很乐意地参与其中。正是经由利科对《观念》（*Ideen*）的翻译，我才于 50 年代开始涉足胡塞尔。在我教师资格会考那一年，利科是评审委员会的成员。60 年代中期，我和他一同参加了学校电视台的哲学节目。同时，我也认为我的同事米歇尔·托尔（Michel Tort）对利科著作《论阐释》（*De l'interprétation*）的攻讦是公允的，尽管有一些激烈。这本书大量涉及弗洛伊德和精神分析，而作为拉康主义者，我们无法容忍从阐释学的角度提炼这一学科。事实上，在钦佩利科的阐释与结构的力量及其明晰性的同时，我们已经知道他参与了多米尼克·雅尼科（Dominique Janicaud）在后来一本严肃的著作中所提出的"现象学的神学转向"。我极其认真地阅读了利科的著作，在其思想最为活跃的细节中，我间接地找到了一种基督教主体的激进观点。利科对我的这一见解表示愤慨，认为这是"宗教裁判所"，并从未给予原谅。

保罗·利科的话语总是温和且带有无限的耐心，甚至是一种学术上的谦恭，但这一话语在总体上亦是战斗性的，近似于最为激烈的讨论，也近似于那些可大体划分出所谓"共识"阵营的讨论，即不加犹疑地认可代议制民主与司法人道主义的共同价值观的阵营。

利科关于记忆和历史的策略是什么？事实上，他要使历史摆脱所谓的"记忆的责任"。这一"责任"的事实涵盖了什么？对欧洲犹太人（狭义上）或"极权"阵营（广义上）的消灭不可被化约为历史叙事的一般理性观念，以及历史学科对某种超历史规范的遵循。诚然，这一遵循的观点并不新鲜。例如，我们知道博絮埃（Bossuet）对其的利用。新颖之处在于，支配"记忆的责任"的规范本身并不具备神意的特征，正如传统的基督教历史学家的情况。这一"责任"使历史屈从于一种伦理约束，该种约束并不来源于救恩理论，而是源自**恶**（Mal）的出现。我们也可以说，"记忆的责任"应在历史的组织中留下一个无限张开的本质伤口，以此驳斥救世的福音信息，该信息渴望有一个激进的事件（圣子的到来）永远地提升人类命运。因此，争议势必涉及第三项：遗忘（oubli），作为宽恕的辩证关联。"记忆的责任"禁止了遗忘，后者基督教式的救世相反地敞开了绝对的可能性,而我们的判断力——无论是怎样的丑闻,包括对**无辜者**(Innocent)的大屠杀——在基督为我们的罪孽所付出的无限牺牲面前都不值一提。

让我们简单乃至粗暴一些:利科从未将问题明确,他使权力的赌注立足于学术讨论的整体规则框架中,事实上,他尝试通过复杂的概念分析方法所获得的无非是一场胜利。历史主体的基督教观念相较于另一种在当今越发普遍的观念的胜利,后一种观念主要来自犹太教,但并不是全部。一方面,拯救的事件将世界历史一分为二,甚至从叙事主权的角度出发,确保在法律上没有什么可以免除宽恕,免除罪孽与罪行的宽赦,免除道德上的遗忘。另一方面,一项古老的**法律**(一些人认定人民是占有者)允许对罪行——工业化屠杀——的绝对审判和永恒记忆,以此为基础,纳粹分子(狭义上)尝试根除那些不愿生活在建立"新人"这一普罗米修斯式的罪恶计划之下的人口。

假设我们像所有处于民主共识中的哲学家一样，隶属于一种试图建立共识所要求的司法人道主义的精神传统。一边是面临被破坏的传统法律主体，一边是被牺牲的事件开辟救恩道路的信仰主体，在两者之间必须做出选择。衰落的时代注定要经历历史的转折和过往的交易，战场便是历史学科。

因此，我们认为利科这部伟大的著作精妙而博学，同时也是一种抽象战争的形式，它通过对历史实践的控制而介入"民主"阵营的精神方向。

对于既不主张该阵营也不主张其组成部分的我们来说，对发生之事进行客观分析也同样十分重要。而且，某种澄清的工作也是必要的：我们方才所表明的不是利科本人的话语，也不是其响应者们的话语。正如当我们身处意识形态与形势（conjoncture）选择的边缘时，真正的问题都是被遮掩的。我们甚至可以说,像笛卡尔一样,利科蒙着面前行——尽管或许有必要颠倒面容与面具各自的宗教或非宗教含义。

我们的阅读还应明确所谓的基督教主体位处何处,以怎样的方式登场,尽管其名称从未被提及。

企图

为了建立起历史相较于记忆的独立性,利科力图抹除一切可能迫使两个术语统一的运算符。这便是为何他声明自己既不预设带有这样一种"记忆"的可识别心理主体,也不预设以**历史**(Histoire) 主体为目标的被限定角色(阶级、种族、民族……)。

我们可以认为,利科对所有可能存在的事物都进行了某种 $\epsilon\pi o\chi\eta$,或是某种延迟的登场,这并不类同于胡塞尔关于事物外部存在的观点，而是在历史与记忆之间的辩证舞台所呈现的，作为主体同一化（*identification*）的论点。

在利科的策略中，尽可能晚地触及主体动机是至关重要的一点。正如我们所说，鉴于人类的历史及其罪孽，上帝也需要花费时间筹备圣子救世的降临。

事实上，当涉及处理棘手却具有决定性意义的宽恕问题时，主体的时刻在书的最后被弃置了。也就是说，应注意一点，在适当时刻——否则任何宽恕都是不可能的——将基本的主体同一性与可归因于这种主体性的犯罪行为予以分离。

行为者的同一性与行为的犯罪性质之间的分离问题显然至关重要。拯救的事件发生了，从此我们的主体属性不再具有本质上的罪孽，它始终可与其最卑劣的行为分离，这在事实上意味着什么？

但同样，这也不是利科言说的方式。他只是

雅致地在最后引入了主体同一性可能的分离这一主题,从而准许了宽恕,并敞开通往遗忘的道路。这种雅致如此深入,以至仅以"跋"来呈现这个结尾,这关涉到某种困难(《困难的宽恕》),以……未完成为结局。请看这最后几行文字:"在历史之下,有记忆和遗忘。在记忆和遗忘之下,有生命。但书写生命又是另一种历史。未完成。"

跋占据了近 700 页中的 65 页……是的,多么雅致!这是政治目的的雅致,将切实决定党派的话语与方向的重要文本并不处于所有人都赞同的,关于"当前的情境与我们的任务"的官样报告中,而是处在简洁而次要的,关于助理财务官员选举的提案中。

"书写生命又是另一回事"……但是"生命",赎罪主体的生命,亲爱的利科,您无声无息地献予它的是关于记忆现象学,关于档案法,或关于时间中的存在 (l'être-dans-le-temps)

漫长而细致的讨论。这也是为何在 600 页的文字中，无论记忆主体还是历史主体都是不明确的。是的，几乎直至最后，同一性也是不可分离和识别的。它是一个归因假设（*hypothèse d'attribution*）：记忆操作和历史命题或能形容的对象。正因为利科告诉我们，坚持这一"或能"是可能的，我们才得以描述这些操作和命题，而无须预设一个可识别的主体。这正是我在上文提到的 εϖοχη，利科将其重新命名为"归因保留"（réserve d'attribution）。

这本浩繁而杰出的著作正是这样尝试的：通过归因保留"客观地"调节记忆的体制与历史的命题，从而只在遗忘与宽恕相关联的"关键性"时刻令主体登场。因此这一主体——尽管可能是匿名的——没有任何机会逃避其基督教的限定。

方法

我们可以称之为"方法",它使这本书的前 600 页具有"客观性"。也正是这样一种操作,使我们无须在记忆或历史"之下"假定或辨认一个哲学意义上可识别的主体。

显然,书中包含三个基本操作:归因、命题和解除。但只有前两者是方法式的。而第三种,我们将看到,是辩护式的。

1. 归因。归因旨在认定记忆的过程是客观可理解的,而无须假定一个主体。为此,我们将在海德格尔式的时间本体论上阐明问题的核心——缺席的存在。

仅在第二步中,一旦这一可理解性的"纯粹"内核被指明,记忆的过程就可归因于这种或那种类型的主体。正因为该种归因在第二步中可以被弃置，我们才得以在第一步中支持将其保留。

实际上，记忆的过程被视作谓项，我们可以自由地将其归因于各类主体。

因此，利科能够就主体可能的类型进行长时间的探讨，"记忆的"谓项可归因于这一主体。他以传统的方式区分了三类主体：自我、集体、亲者。历史（集体）的信息被包括在自我与他者、灵魂与同类的基本双联关系中。这是朝着圣保罗的方向发展：就对仁慈的支配而言，从属于集体在理想意义上是次要的："你会像爱自己一样爱你的同类。"补充一点：你将不再记得他。在这里的字里行间，记忆，作为对集体命令的假定，从属于自我给予他者的宽恕的拯救空间。

归因保留的反面是该归因在上述三种类型之间的移动性。应注意这种移动性的规则，就像利科在斯特劳森（Strawson）那里所发现的：

> 这些谓项可归因于其本身,因而也可以归因于自我以外的他者。这一归因的移动性涉及三个不同的命题:(1) 归因可以被中止或开启;(2) 这些谓项在两种不同的归因情境中保持相同的意义;(3) 这种多重归因保留了对自我归属与对他者归属间的不对称性。(第151页)

尽管有最后的不对称条款,但归因的保留与移动性二者似乎共同禁止了记忆程序的一切独特性。以某种方式被证实的记忆不正意味着归因保留的不可能性?那反对其纯粹的谓项式处理的难道不是记忆的全部实在,作为不可撤离的主体与将其于时间中建构的事物之间的缝合点(point de capiton)?当斯特劳森和利科提出记忆的谓项应该"在两种不同的归因情境中保持相同的意义"时,他们忽略了一点,即记忆的关键问题不是意义问题,而是真理问题。同时,与意义不同的是，真理无法被一致地赋予两个不同的主体。

因此，我们应做出的假设是，归因是一个临时运算符，其目的是仅赋予记忆谓项的地位，从而为救恩计划（économie du salut）保留主体的独特性。

2. 命题。命题支撑着历史再现的基本操作。命题的使用公理被多次制定，例如在第 227 页：

> 事实不是事件，它本身回到了证人意识的生命中，但陈述的内容旨在将其再现。

我们看到利科是如何寻求走一条中间道路。他反对将历史事实与回想起的实在事件混淆。但他也同样反对事实在规范修辞或虚构法则中的解体。如果像米什莱（Michelet）所认同的，历史是"过去的完整复活"，历史与记忆之间便会产生混淆。然而，如果正如唯名论者所相信的，历史与叙事严格地共存,且没有任何实在于此再现,那么一切历史事件都无法被证实。特别地,我要补充一点(非利科的观点),基督的事件将不过是一种话语体制的结果。因此,任何可以被假定为实在的东西都将听任记忆的变化无常。

事实上,利科的中间道路固执地尝试维护历史相对于记忆的权利,而无须在这个调查阶段假设一个历史主体。因此,一种再现的实证主义诞生了,这或许是其思想中最危险的部分。

历史是一组命题,这在事实上意味着什么?应将其写作"这个或那个已发生的事实",而非直接写成"这个或那个"。这就是我们讨论历史真理的原因,不是作为事实的真理——这不能说明什么——而是作为命题的真理进行讨论。

此乃实证主义,因为一切在最终都取决于命题的能指目标与所指事实之间的一致性。

然而,在不于再现中要求一种主体依附的前提下,一个命题是否能够再现?是否真的有可能逃脱从拉康那里得到的格言,该格言规定命题仅为主体再现历史的内容?

显然,这是第 302 至 372 页"历史的再现"这一大段文字所探讨的主要问题,仅此问题便值得特别的审视。我们在那里与拉康重逢,因为命题是坚守存在历史事实的"地点",该命题的能力被命名为"地点占据"(lieutenance),呼应了无意识再现的"占据地点"(tenant lieu)这一精神分析学说。同样我们可以看到,利科毫无保留地谈论"谜"(énigme),他将"谜"详述为"再塑形"(refiguration)之谜,此后他便选择了放弃。最终,能够在命题中被再现的是历史的存在。利科表示,谜是自然的,它应被倾斜至历史存在的本体论一侧:历史存在是可以谜一般地在命题中被如此再塑形的存在。

在我们看来,除了历史鸦片这一些许令人困乏的功效外,可能存在着另一种解决谜题的方法。有必要假定历史命题仅为现时的主体表达事实。因此，并不存在一种历史的再现，而是根据活动的主体类型所进行的原始分配。相反，这并不意味着一切历史实在的缺失。但这种实在只会在一种领域中被证明为再现，在这个领域中，一切被再现的生成（也可以说是一切的地点占据）都面对着一种多。

可以简单地说：历史在命题中得到再现。但这些命题的产生和命运服从于当前政治主体的多样性。

利科不接受这种从属，因为他想要为自己的目的保留某些历史再现的单义存在。他也不接受对作为构成现象的再现的主观依附，因为他希望仅在这一主体的同一性被切实限制时才计划主体的登场。

3. 这就是利科机制的第三大操作——解除将要提供的。

利科所有的努力都是通过归因和命题的操作

维护记忆方面的某种现象学客观性，以及历史方面的"叙事"客观性，但不允许两者相互混淆，而解除的操作则旨在于一个全新的主体元素中组织宽恕和遗忘。至目前为止，我们只有一些暂时性的谓项，其归因被中断。现在我们有了一个新的语级，关于权力和可能性。在实体、介质和被归因于它的谓项方面，迄今为止被中断的同一性是无处可寻的。一切主体同一性都是能力与其可能性的关系。

在某种意义上，通过表明记忆和历史只能从一个现时主体那里被激活，这不正是我们所暗示的吗？难道不应认识到，历史本身最终是一种为新的可能性而中断的再现，主体将其铭刻于过去的将来？显然，当作者通过解除来规划主体灵活而积极的同一性登场时，我感觉距离他最近，但不能就此加入他的阵营。

解除与救世:基督教主体

利科所走的道路避免了从政治的角度考量历史,他的目标,即便不是将历史叙事本身,至少也是将其判断赋予道德。可以说,他的出发点是广义的司法问题:我们可以将犯罪行为与罪犯的身份区分开来吗?例如,我们是否可以将对欧洲犹太人的消灭与纳粹集团、与德国人,或甚至与这样一个确定的刽子手区分开来?我们看到,可以将记忆过程的归因和历史的典型命题与任何预先设定的主体加以区分。但当涉及罪恶时,主体是必不可少的,该主体的全部存在都是有罪或无罪的。换句话说:关于主体、主体的同一性和这种同一性的可分离性问题只会——依据后康德式的逻辑——伴随道德判断出现。

更准确地说:在记忆的分离和历史的分离之

后，只有第三种分离预先调用了主体身份的动机：主体的身份与其行为的道德或法律资格间的分离。这种分离在宽恕中起作用，其操作便是解除。

这些内容被冠以《将施动者从其行为中解除》的标题，提出了"一种解除行为"，在我看来它们代表着整本书的最终意义。

它们与雅克·德里达的交锋不是无足轻重的。这一交锋极为短暂却尖锐，与同美国学者在历史叙事问题上的和平争执，甚至与扬科列维奇（Jankélévitch）在是否给予德国人宽恕这一问题上的善意立场都完全不同。它们在那里短暂地遭遇了真正的对手，民主阵营的另一种精神潜力。

事实上，雅克·德里达在1999年一篇题为《世纪与宽恕》（*Le siècle et le pardon*）的文章中指出，如果我们将罪犯与其行为分离开来，我们就会宽恕另一个主体，而非做出该种行为的主体，该观点基于其差异本体论。也就是说，在德里达看来,利科的"解除"操作的后果,如我引述的,是"我们宽恕的不再是罪犯本身"。

正如人们可能料想到的,利科以一种源自亚里士多德的可能性学说予以回应。存在着行为,这一点毋庸置疑,但行为并未穷尽主体的潜能或能力。然而,主体的身份恰恰在于这种能力。这便是为何利科最终驳回了德里达的反对:人们宽恕的主体正是"同者 (le même),但可能不同,而不是一个他者"。

事实上,必须采取比行为和力量 (puissance) 的拆分更为彻底的拆分。在行动力本身之中,应区分能力 (capacité) 与实行 (effectuation)。这是解除的真正基础:

> 这种内在的分离意味着道德主体的介入能力并未因其在世界范围内的各种应用而被耗尽。这一分离表达了一种信仰行为,一种对自我再生资源的信任。(第 638 页)

我们看到了举止的力量,也辨读出其来源:在能力与行为之间,在犯罪的实行——甚至是可憎的——与可被给予主体救赎之可能性的信任之间,都存在着根本的不对称性。

> 在宽恕的征兆之下,罪犯被认为在其罪行和过失之外能另有所为。他行动的能力将得到恢复,而行动使其具有了继续生活的能力。在细致的思考行为中所需要的正是这种能力,我们在该种思考中认识到公共场所的宽恕的隐匿性。最后,将行动投向未来的承诺占有的正是这种被恢复的能力。这一受其赤裸陈述支配的解放箴言是:你比你的行为更有价值。(第642页)

对于一名基督徒又会是怎样?如果主体的道义经济(économie morale)不存在于行动力量之中,如果上帝的牺牲所恢复的不是这一力量本身，那么救世主给予人类的这一伟大宽恕又有何价值？

一切都归结为一点，即无论主体的行为如何，他应始终能被拯救，从而使基督教的救恩计划永远、普遍地有益。"让从未犯罪之人对他首先斥以谴责。"即便对于希姆莱（Himmler）或艾希曼（Eichmann）也是如此吗？是的，当然。即便对于希姆莱或艾希曼也是如此。人类的法律理应予以通过，利科表示着，请求着：这实际上与"真实"审判无关，该审判被称为"最终审判"。

但为何利科对主体显见的基督教预塑形（préformation）保持沉默？该主体在实体上与记忆和历史分离，在没有宽恕和遗忘的措施下一致地暴露于资源之中。实际上，我主要批评的是那被我视作粗野而非虚伪的部分，是许多基督教现象学家所共有的：对概念构造和哲学争论的真正动力的荒谬掩饰。似乎有一种如此激进的选择,尤其在今天,如同某个特定宗教的选择一样,随时可能抹除它对话语效果的附着!

这是对基督的冒犯,帕斯卡尔或许会这样认为。

这不能免除我们对该论点进行更为明确的审视。

在一个尤为抽象的层面上,我们也可以指出,纯粹而不明确的行动力,如果它不是另一个人的行动力——如德里达所反对的——则也与主体的同一性无关。严格地说,这一行动力无法识别同者与他者。用黑格尔的话讲,它是同一性中的非同一性(non-identité)部分。因此,我们给予行为宽恕,是为了强调主体的这一部分,也就是说,我们不会宽恕任何特定之人,这意味着任何人的任何宽恕都是针对普遍人类的。这就是基督教的策略所在,它接受每个人的整体的前提是其举止将"原罪"解除,事实上这是所有人而非个人所犯下的过错。应该说,这样的假定超出了哲学的资源,正如利科所暗示的(第639页),它将接力棒交给了"天启宗教所提出的最终悖论"。

我们为何不倒转视角,从作为主体身份唯一实在点的行为入手?亚里士多德的模式在这一点上之所以是必要的,难道不是因为最终,唯有根据一种对主体目的预先理解,力量与行为的关联才是完全可理解的吗?事实上,根据利科的发现——或创造——对于亚里士多德及其所有继任者(莱布尼茨、斯宾诺莎、谢林、柏格森、弗洛伊德,以及康德本人,参见第639页),能力(力量)归属于其自身之善,且归根结底归属于**善**(Bien)。如果行为有所偏离,那将是一场意外,或许是极为严重的,但鉴于始终存在的良好行动资源,这也是无关紧要的。然而,这一点对于基督徒而言是决定性的,因为仅他自己就可以确保救赎计划在哲学上也是可理解的。只需重新命名"力量对行为的本质积极性的服从",因为从历史上看（所有的主题在那里重新联系在一起），这对于信徒而言是救世主有效降临的结果：灵魂在救恩之可能性中的普遍安置。

实际上，利科应仔细地区分历史与记忆，因为救世主切实地到来了，这不能从历史的事实性（facticité）中抹除，《新约》及其博学的评注都提出了该事实性的代表性命题。同样，没有什么需要被记得，没有人记得这一点。同时他也应批评"记忆的义务"的观点，因为基督的牺牲将世界历史一分为二，这是纯粹投射的例子，它在永恒的轮替中吸收了时间，且仅将信仰和忠诚的义务施加给我们，该义务始终在场。实际上关于"记忆的责任"，只需要"让死者埋葬死者"。最后，利科需要将主体身份的动机与纯粹的力量、潜力和能力联系起来，因为仅有这条道路允许福音信息（被置于阴影中，尽管它是动力）与关于责任的哲学理论在表面上的综合。"信仰寻求理解"（Fides quarens intellectum），始终是如此。

在书中,伴随着几乎戏剧性的话语失衡,一切似乎都表明格言应是:"理解寻求信仰。"(Intellectus quaerens fidem)

我们的意图只是能够看得清楚。在我们看来,只存在作为人的动物,没有任何牺牲能够唤起同一类的灵魂,除了他们自己为了某些真理得以存在而付出的牺牲。对于这些动物,他们可以在某些始终独特的情况下成为主体。但将他们定义为主体的只能是其行为,或是他们在这些情况下得以坚持的方式。因此,绝不可能像利科所说的:"你比你的行为更有价值。"我们可以截然相反地断言:"你的行为很少比你更有价值。"

这就是为何除了无知外,没有道路可以通往主体的同一性。

如拉康所言——弗朗索瓦·勒尼奥在这一点上有精妙评述——"上帝是无意识的"。

让-保罗·萨特:
战栗、剥离、忠实

1954年，他将哲学展示予我，在某种战栗（saisissement）之中。与此同时，我也赞许他反殖民介入的魄力。自20世纪50年代末起，当结构主义的时代到来时，当我们寻思，相较于新兴的人类科学，或许哲学并非一种纯粹且简单的幻象时，我有条不紊地远离了他：剥离（dessaisie）。然而，当我在一种新的哲学建构中将**主体**的动机置入存在的数学化之中时，当我能够同时维护形式科学与诗歌的法则时，当我努力将共产主义的政治从斯大林主义的外壳中释出时，我又再度与他相遇并使其停驻：忠实（fidélité）。

当我回顾自己高中时期在哲学上受到的冲击时，我似乎完全是以一种萨特的方式进行表达，那是我口若悬河的青少年时期取之不尽的富矿。这涉及对意识的定义："意识是一种存在，它在其存在中关心的是它自身的存在，只要这一存在暗指了异于其自身的另一个存在。"我们已经注意到（并非不带恶意）：对存在的提及是为了表达自为（pour-soi）的虚无！但这一表达的能力在于别处。它是对辩证内在性的综合，其原则是作为问题的存在，是有意向的外在性，以及对**他者**的建构性投射。它构成了双重的准则，我应该说，它仍在组织着我的思想。

——一方面，**自我**或内在性无任何利益，如果它们不具备仅以全世界，以所有被安置之物（当思想在安置中将其掌控时）为范围的意义效果，它们便是可憎的。可以这样说：心理学是思想的敌人。

——另一方面，如果被安置的全世界没有被纳入某种计划（具有相称的外延）的主观规定中，它将没有任何意义。世界理应受到质疑，在字面意义上。可以这样说：实用的经验主义、妥协、"必须耕种我们的花园"*，三者也是思想的敌人。

内在性是作为安置（disposition）的全世界，外在性是作为命令的全世界，在我看来，这就是萨特所展现，并最终令我信服的最初的哲学。如果说**自我**是对物的衡量，那么哲学便不值得花费一小时的功夫。唯有通过思想中那所有超越我们不可避免的琐碎故事的部分，哲学才有意义。哲学绝不是为了使我们满足。一直以来，哲学都只与永恒相符，我们知道它是**真**的永恒，正如未来时间的残酷性一样。

---

* 出自伏尔泰哲理小说《**老实人**》（*Candide*）。——译注

因为萨特且仅因为他,这一核心信念在最初将我占据(*saisi*)。在意识短暂的绽出(ek-stase)中,我读到了永恒的世俗义务。在存在主义的人道主义中,我读到了人只能通过超越其自身人性而存在。

自此,我便始终忠实于这一最初的战栗。如今,当关于人类目的最严格的审慎得以恢复时,当一切带有普遍性的命题遭受严肃质疑时,我也不能将其放弃:"人",这个字保留了一个并不卑劣的意义,仅有一些计划或程序支持其存在,其同一性在如他所处的世界中必然表现出非人性。

如今,我用真理或类性程序(procédure générique)来命名这一基本的非人性,在这一非人性中,人被召唤,其存在之外的事物于这些情境中发生。

正如尼采所认为的,应被战胜的不是人。应被战胜的——根据萨特的决定性直觉——是存在，如其所是的存在。人则是这一与人性无关的偶然，这种非人性的偶然在真理的无限类性生成中显现为主体。

然而，如果信念依旧存在，并且为了存在中有真理而使主体成为存在中被遗弃的部分，那么这一信念的表达方式也应该一点一点地放弃萨特的程式。因此我可以说，我的思想轨迹可被视作两者的矛盾结合：对萨特的献词堪称热忱的忠实，以及对支撑这一献词的辩证纲领的正式撕毁。

应该指出的是，从一开始，就萨特模式的哲学霸权而言，就存在着对完全相异的思想的偏好和运用，如同置身一种错位美学之中。

数学并未得到萨特过多的关注，尽管《辩证理性批判》（*Critique de la Raison dialectique*）一书的副标题是《实践集合体理论》（*Théorie des ensembles pratiques*），我在其中读到了康托尔（Cantor）奠基的现代性。在我看来，数学必然与存在问题，或与作为问题的存在有着某种关联（但我不知道是哪一种），萨特的意识学说并未阐明这一关联。

与数学相对称的是诗人，尤其是马拉美。这与萨特所关心的内容有所交织，是因为马拉美的意象完全将其萦绕？也许是的，但在我看来，萨特或许低估了诗人思想的肯定能力，为了其虚无主义阴谋的历史主观阐释。激起我情感的不是**书**所谓的失败，也不因为**书**仅是一种悲剧性的神秘化。我对自杀式绝望的诱惑更不感兴趣。我在散文和诗歌中看到了为考量思想所付出的最大努力，这种努力被表现为**星丛**、**天鹅**或暗夜玫瑰的完整浮现。

最后还有柏拉图，我不断地带着一种隐约的愧疚回到柏拉图，因为"客观"理想性，即本质相较于存在的优先性在表面上与萨特学说的主体部分完全背离。似乎哲学，连同其最为有效的现代格言——在这一点上，我认为萨特是无可替代的，长期以来人们都指控我只是在效仿——具备一种完全脱离任何内在化、脱离任何意识情感的固有技艺。

因此，在某种无序的共存中——或许类似于萨特使钢琴和沉默的肖邦在没有概念的情况下与其余一切共存——我确实位处于萨特的意识与自由哲学中，并保留了作为肯定（affirmation）的诗歌和作为理念的数元。

事实上，在我如今所说的四种类性程序（政治、科学、艺术和爱）中，仅有政治（即介入反对殖民战争的政治，在当时依据某些简单的见解原则实施）在我看来被归入了萨特的自由概念。同样，我认为在这些斗争中存在着萨特哲学与知识分子的介入实践之间的某种直接联系。

或许这就是为何必须在最后存在着由五月风暴以及接下来的几年所制造的断裂（即进入激进的"阵地"哲学，这一自治的进程包括对其概念的内在决定），从而使我带着迂回和懊悔放弃内在化的辩证模式。我可以不加矛盾地表示已在迂回中践行且仍然践行着该种思想，参与到解放政策观念的更新中，并坚持认为在政治上，无论有怎样的流血动荡，以及资本在表面上的共识性胜利，"工人"这一能指都还尚未穷尽，所有这些使我逐渐远离了辩证法的权威。

然而，这一远离并未伴随着任何对萨特积极的思想的贬低。在这动荡的十年中，他是一代人审慎而又好奇的伙伴，他不属于这一代人（严格地说，也不完全属于我这一代）。应该反对"萨特的错误"这个刻薄的主题，而对他在关键情境下为坚持自我而表现出的严格致以敬意，尤其是在当今。在政治规定的秩序和思想配置的秩序中逐渐产生了距离，这完全不违背这个基本的历史共同体。

如果让我在当下考虑这三十年前令我着迷的、几近神奇的范式，我又会说些什么？再重复一次："意识是一种存在，它在其存在中关心的是它自身的存在，只要这一存在暗指了异于其自身的另一个存在。"

首先是"意识"一词。我不再支持其哲学相关性。在我看来,"意识"指明了一种概念,哲学史以之为荣,但"意识"只能作为政治范畴而使用,即作为"政治意识",又或者作为精神分析范畴。除了"意识"一词,或许没有什么能够更好地标志我今日所肯定的,在政治——实践思想的一种特殊形式——与哲学之间的距离,该词自列宁以来便是现代政治一个尤具技术性的概念。我不再相信哲学与政治间巧妙的可传递性——我只能报以叹息——萨特提供给我这一可传递性的范式,意识(或实践)的哲学主题是其轴心。

相反,我认为我们不能屈服于主体概念在哲学内的展开,因为在弗洛伊德和拉康的决定性影响下,主体摆脱或偏离了它有意识或超验的假设。主体因而不是对自我的自我定位的自反或预自反运动,它是这唯一一个支撑或承受真理类性生成的差异点。我将主体称为真理点，或真理通过之点，这一真理在偶然中被获得。这就是马拉美笔下的老人，自以为应支持一种"与或然性的至高连接"。

现在，我认为萨特的意识主体是浪漫主体终极而精妙的化身，是被送往一个世界的青年，这个世界的惰性逐渐——或是间歇性地——吞噬了欲望的无限自由，正如计划的普遍性。我愿意认为，主体概念尚未完成的再展开具有索引作用，正如我们在马拉美及其之后的贝克特的著作中看到的，青年被老人取代，在那里没有任何主体是真正年轻的，因为想要成为主体，他必须至少和真理同样古老。

同样，在萨特式的介入年代，政治思想，或者说作为思想的政治的变化之一是：革命主题与世界青年、与抛弃旧世界的主题齐头并进。然而，对于在事件中揭示的真理而言，青年还太过年轻。他们普遍未经打磨。相应的，我们的**资本**

世界中最为可怖的部分是其永恒且无变化的矫饰青年。任何激进的政策都在无限的类性中恢复了真理所需的老化时间,这一时间,如贝克特在《瓦特》(*Watt*)中所言,是"真理成真之所需"。

然而,让我们继续关注萨特的名言:"意识是一种存在……"

很长一段时间里,我都对存在毫不在意,因为我和萨特一样,只享受虚无赋予意义的功能。存在是栗树根*厚重的痛苦,是巨大、富余、惰性实践(pratico-inerte)。使我从中脱离——将我从萨特式的睡梦中唤醒?——的是对集合论无休止的思考,特别是关于存在的两个端点:空集的公理和无穷大的公理。坚持数学的历史本体,其目的是使存在本身可以被言说,因此就严格意义上的本体论而言,这一决定表达了对大量且最终不可想象的存在之封闭隐喻的放弃(萨特表示

---

* 此处的"栗树根"是借用自萨特小说《恶心》(*La nausée*)中的意象。——译注

"没有存在的理由",也"与另一个存在没有任何关联")。通过将存在交付给纯粹的多——如同数元所占有的——我们相反地将其用于最为微妙也最为烦琐的思想,这同时也使其从一切经验中抽离。数学所思考的存在既不是偶然的(如萨特所表示的),也不是必要的(如古典主义者所说)。它将自己无限地暴露于思想中,同时也从中抽离。这便是数学既庞大又不完整的原因,其发展是通过公理性的决定(就像它是偶然的)和限制性的论证(就像它是必要的)而进行的。

通过表明存在之思最初的两重支撑是空(将一切稳定缝合为不稳定)和无限(通过这一无限,且为了有缺漏的数目,关于极限的绝妙而浪漫的观点变得世俗化和平凡化),我们真正在没有存在之戏剧性的情况下完成了上帝之死的意图,其引发的思想张力是典型的萨特式的。

接下来,"它在其存在中关心的是它自身的存在"。

正如我今日所设想的，在真理中被编制或策划的主体没有任何内部——即便是透明的——没有任何可以产生自我（的）问题的内部-外部。准确地说，这一主体甚至是不容置疑的，因为它是答案产生的途径，这一事件性的答案关涉某种情境的存在。

"问题"（question）和"问询"（questionnement）这样的词汇或许表明了萨特对德国思想，尤其是对海德格尔的借鉴，这一借鉴是别出心裁的。我应当说，尤其是在萨特的学说中（从对存在的关注转移到自由人类学），这一关于存在的词汇——作为自我的虚无化问题——对我的思想产生了持久的诱惑。随着时间流逝，这种诱惑不再起作用。在我看来，问题中的问题在于思想的享乐（jouissance）。但唯一的答案就是它的行动。答案通常令人失望，我们为这个问题的无穷魅力而懊恼。因为答案用愉悦（joie）取代了享乐。思想只在自我的消解（dé-jouir）中思考，这同时也是其消解问题的方式。毕竟,萨特所言说的内容——根据他自己的承认——始终是"对自己的反对"。

如果上帝死了(萨特比尼采更好地将我说服,后者过分忙碌于与拿撒勒人*的争论),这并不意味着一切都是可能的,更不意味着一切均不可能。这意味着没有什么比我们能够提供的答案更好,更重要,更真实。答案的伦理补足了非人的目标的伦理,人因而称得上是人。这也意味着真理存在,因此,除了确切的存在之外,没有什么是神圣的。

"只要这一存在暗指了异于其自身的另一个存在",萨特如是说,这是在以他的方式辨读胡塞尔。

使我对意向的主题持保留意见的是其对客体范畴的维护,后者是意识目标的关联,更普遍地

---

* 拿撒勒人是犹太人对基督的称呼。——译注

说也是主体/客体的辩证法关联，萨特自在和自为的主题是对这一关联的绝妙投射。我捍卫一种没有客体的主体学说，该主体是某一过程的消失点（point évanouissant），源自一种无动机的事件性补充。在我看来，没有主体的另一种存在，除非情境的真理即为真理。我从萨特那里借来了"情境"这一主题，它随着令人惊异的技巧而变化，这或许使我得以偿清。但对于我，正如对于萨特那样（尽管是从不同角度），主体这一表面的**他者**即**同者**，因为真理内在地实现了类性存在，实现了任意之物，实现了情境本身不可辨别的部分。

真无关于客体，只关乎其自身。主体也无关于客体，亦无关于针对它的意图，主体只涉及真理，后者存在于其自身的某个消失点上。

然而，所有这一切是否像我所认为的那样具有决定性？在对思想的技术性制定之外，一种决定性的"存在"动机将我与萨特联系在一起，这个动机亦即哲学无关于生命或幸福,但也无关于死亡或不幸。无论如何,我们都会生存或死亡,至于幸福还是不幸福,这始终是无须担心之事,无论是为他人还是为自己。

如果可能的话,至少要掷一次骰子。的确,马拉美笔下的老人无法轻易下定决心。他"犹豫着,似秘密被剥离的无臂死尸,而不做皓首的怪人,玩这游戏,以海浪之名"。

人们通常所说的生命,或者说文化、休闲、选举、工作、幸福、平衡、发展、成绩、经济,准确地说正是:犹豫是否玩这游戏,以海浪之名。正因为如此,"生命"这一能指是介入的——生存始终是为了像那"秘密被剥离的无臂死尸"。我们所呈现的生命——萨特认为该生命几乎未胜过蝼蚁的生命——在死尸与秘密的分离中被分解。每个人都拥有一张至少可通往一个真理的通行证。这就是他的秘密,资本法则下的共同生活使其成为死尸的另一端。

因为如果"每种思想都掷出一个骰子",就必须承认在没有骰子游戏的地方,也就没有思想。在这对赌注无条件的要求上,萨特更甚于帕斯卡尔,因为至少他省去了上帝,并为我确定了其概念。

萨特以"每个人都值得彼此"的形式道出了这个秘密,而我要说的是:所有人都能够思考,所有人都被随机召唤以作为主体存在。如果所有人都能够思考,指令将是明确的:投掷骰子,以海浪之名玩游戏,然后忠实于这次投掷,这并不是多么困难的事,因为一经掷出,骰子就会像**星丛**一样回到你身边。这一**星丛**,是"因遗忘和废弃而冰冷",但为何哲学必须承诺真理将使我们温暖,承诺真理是友善而深情的?正是因为免除了这样的承诺,萨特的思想才保留了他的锋芒,而没有坠入虚无主义。友善或是深情的,真理并非如此,因其力量只会存在或是不存在。

指令是,无论情境如何,一个或多个真理都

被其存在悬置。我们也会说：勿要过多犹豫，做那皓首的怪人、类性的怪人。在贝克特的《怎么回事》(*Comment c'est*) 中，我们发现了不寻常之物，即带着行囊在泥浆和黑暗中匍匐而行的老人另一句话的真理："无论如何我们都处于正义之中，我从未听说过相反的情况。"

我们确实可将那存有真理的部分称为"正义"，真理的"存有"(il y a) 在其纯粹的"存有"中被思考。正义因而是人的非人性意图的另一种称谓。

我不认为在这一点上萨特曾有所让步，尽管其媒介与我在这里提出的相去甚远。

人创造了人的正义，因为如果某个事件将他召唤，他会有足够多的秘密，从而遗弃其尸身，带着行囊在真理的黑暗中匍匐前行。

在这黑暗中——无论我们说什么，这黑暗都将延续——萨特是近半个世纪以来我们罕有的探路人。

路易·阿尔都塞:
历史唯物主义的(再)开启*

---
* 参阅 *Pour Marx*, Paris, Maspero, 1965, 264 p.; *Lire le Capital*, Maspero, 1965, tome Ⅰ, 264 p.; *Lire le Capital*, Maspero, 1965, tome Ⅱ, 408 p.; « Matérialisme historique et matérialisme dialectique », *Cahiers marxistes léninistes*, n° 11, avril 1966. 这些作品将被简称为: *PM*、*LC* Ⅰ、*LC* Ⅱ、*MH-MD*。

或许在所有同时代人当中，我与他保持的关系最为复杂，甚至是最为激烈。我向来不是他的门徒，但我对于他的创造和尝试也绝非漠不关心。随附的文章——《批评》杂志 1967 年的约稿——已经证明了某种浓厚的兴趣和某种怀疑。五月风暴和毛泽东思想颇为粗暴地将我与他分离，正如政治纷争所通常导致的那样，尤其是在亲近的人之间。后来，正如我对萨特所做的——他在某种程度上与萨特相反，以科学的法则反对自由的形而上学——我尝试在那始终将我们分隔的部分之外，对我受惠于他的部分还以公道。

阿尔都塞的作品符合我们的政治形势，这些作品通过指明形势的紧迫性而确保其可理解。"西方"共产党意图中令人担忧，且在本质上异乎寻常的部分在理论缄默的持久效应中得到定义：那些我们没有谈论的内容，如果不是为了在谴责的长篇大论中形成不予言说的部分，则完整地架构出我们所谈论的内容；因为必须覆盖空缺，并使整个链条变形，从而令覆盖的能指能够于此就位。马克思主义话语的严格性与崩溃的部分连接在一起，且在**修正**名义上的炫耀中过着自己的隐秘生活，而这并不是毫无损失的。为了更好地缄默，机构的意识形态作坊逐渐被迫地放弃理论，从而在时代的喋喋不休中，甚至在梵蒂冈第二次大公会议后的普世教会合一运动的污流中，拾取那以马克思主义为名义的东西。

这些变质的商品都是某种普遍效应的结果，

马克思分析了这一效应，关于古典经济学（斯密-李嘉图）到庸俗经济学（巴斯夏-萨伊）的转变：将科学概念重新纳入意识形态空间，这些概念已预先转化为同构的观点。这一操作利用了哲学的遗产，从而以三种不同的方式进行其特定的变形：

（1）它立足于科学的上游，企图将概念建立在一种开创性行为之上，并以明晰的方式分解理论话语的复杂表达；

（2）在下游，它使用了结果（résultat）的伪概念*，从而在**整体**的系统推论中将概念吸收，在那里，所谓的"复数结果"（résultats）出现了，像是古代皮影戏中的平庸哑角，其中有一

---

* 结果的伪概念试图将科学描述为"真理"的集合，这些真理合法地摆脱了其生产过程。黑格尔正是以这种分离的名义谴责数学的认知："数学论证的运动不属于客体的内容，而是事物外部的操作。"（《精神现象学》，伊波利特译，第Ⅰ卷，第 36 页）由此可见，对于黑格尔而言，科学"减少了物质本身的作用，从而成功拥有了一种无关紧要、外在且无生命力的内容"（同上，第 40 页）。所有有关科学知识的冷漠、外部性和封闭性的当代争论，所有将科学客体的整体惰性与科学思想的总体运动两相对立的努力最终都回到了这一**死亡**的意象，黑格尔在其中将无科学记忆的结果钉牢。

个上帝(被认出或不被认出),在人文主义或自然主义哲学素(philosophème)的粉饰下,胜利地扯动了提线;

(3) 在旁边,或是在上方,它发明了一种代码,从而可以在一个如此简单地形成却被周知的经验区域中转译、输出和拆分科学的严密性。

这便是"马克思主义"的三种类型:基要的、总体的和类比的。

基要马克思主义(*marxisme fondamental*)几乎是一心致力于对《1844年经济学哲学手稿》的无尽阐释,而对马克思的科学构想,对其认识客体的独特规定无动于衷,并提出一种以劳动的多义概念为中心的一般人类学。作为流放和分裂之地的**历史**在这里被视作有别于透明性的耶稣再临(Parousie),被视作总体**人类**诞生的本质性延迟。对经验的详尽解读所依凭的协变概念是实践(praxis)和异化(aliénation)*,两者的

---

* 参见巴里巴尔文章中对这一错误概念的批判,« Les idéologies pseudo-marxistes de l'aliénation », *Clarté*, janvier 1965.

"辩证"组合在无意中重复着那善与恶交织的古老摇篮曲。

总体马克思主义（*marxisme totalitaire*）高度颂扬科学性。然而，其所指的科学是将所谓的"辩证法则"简单应用在于经验层面被接受的历史-自然总体性之上，其中最易于接受的不是从数量到质量的著名转化。对于总体马克思主义而言，马克思完全进入了恩格斯脆弱的推论体系中。它用死后出版的和替代的马克思的"自然"辩证法，反对青年马克思的基要马克思主义。*

乍看之下，**类比马克思主义**（*marxisme analogique*）似乎更好地将其阐释集中：它关注社会实践的结构和水平。它主动依附于作为最重要著作的《资本论》，依附于作为奠基性范式的经济范畴。然而不难发现，它使用了马克思主义的概念并拆解其组织。事实上，它构想出基础结

---

* 从总体到基要，从斯大林的自由到约翰二十三世（Jean XXIII）的自由，加罗蒂（Garaudy）的转变速度是一个奇迹。

构与"上层建筑"的关联,或许并不关涉线性因果模式*(总体马克思主义),也不涉及表现性中介模式(基要马克思主义),而是纯粹的同构(isomorphie):这里的认识由功能系统定义,该系统使我们可以在一个层次上识别到与另一个层次相同的形式组织,并因此体会到某些形象的不变性,相较于结构,这些形象更倾向于是不同元素的"平面"组合。类比马克思主义是关于同一性的马克思主义。而且,在最粗略的形式下,它连接了总体马克思主义和基要马克思主义,它既有前者机械的严格性,也在形象的本原式统一旗帜下恢复了后者的精神透明性。在其最为完善的形式下,它不可避免地要用对预先给定的问题的不确定转移来取代认识客体的或然构成,这些问题取决于社会总体或多或少的同构水平复现。在话语范畴中,在结构因果性的关键问题上,即

---

* 阿尔都塞区分了因果性的三种概念:笛卡尔式的、莱布尼茨式的和斯宾诺莎式的(*LC* II,第167—171页)。

在结构相对于其要素的特定效力问题应出现的地方，我们应对相似或相异的等级体系感到满意。这导致了对结构中所包含的实际理论元素的追溯性伪造，因为通过占据对应的描述分配给它们的位置，这些元素转变为分离的结果，并自此充当简单的描述性指标。

阿尔都塞作品最为重要的部分，是在我们眼前重建——遵循马克思的例子——那日后被称为庸俗马克思主义变体的共同场域。同样，这是对这些变体未曾言明的部分的识别，这一消除的系统在表面的对抗之外构成了其统一的秘密。

庸俗马克思主义的固有效应是对差异的消除，这一消除在其整个机构（instance）中进行。

这一被消除的差异的表面形式，它在经验历史中的表现形式，便是马克思与黑格尔之间"关系"的古老问题。庸俗马克思主义的变体有一个共同点，即它们根据唯一答案的变体提出这种关系的问题，在任何情况下，它的基本重要性都得到了肯定。"翻转"、对立、实现等概念依次填补了最初由关系的本质所指定的可能位置。正如各种庸俗马克思主义始终可用的辩证法所要求的那样，对黑格尔-马克思连续性的任何表面否定都会产生其肯定性的反映形式。

阿尔都塞早期的作品主要致力于挖掘那些被埋藏的差异。恢复差异，便是表明马克思理论体系与黑格尔或后黑格尔意识形态之间的"关系"问题是全然不可解决的，即不可表达的。之所以不可表达，是因为其表达是覆盖差异的行为，这一差异既不是翻转，也不是冲突或方法的借鉴等，而是认识论上的切口（coupure），即对新的科学对象有规律的建构，其内涵与黑格尔的意识形态无关。从19世纪50年代起，马克思尤为彻底地转向了别处，在那里，黑格尔哲学的准客体及其联系形式（"辩证法"）既不能被推翻，也不能被批判，原因很简单，我们无法再遇到它们，它们是无处可寻的，我们甚至无法将其驱逐，因为科学的空间是由它们根本性的缺失所构成的。* 或许这种切口以回顾的方式产生了另一种特殊的科学，认识论所教会我们的是两者的分离。在科学的发现中，我们可以尝试寻找切口的"边缘"**，一种意识形态的场所，必要的形势变化在那里表现为没有问题的答案。只是在引人注目的部分（*LC* I，第 17—31 页），阿尔都塞明确了马克思的另一种意识形态，并非黑格尔的思辨：而是斯密和李嘉图的古典经济学。

这绝非偶然：基要马克思主义时常提及的一部

---

* 因此，亚里士多德式的"自然"概念的缺乏——不可能在那里将其构建——决定了后伽利略时代的物理学。严格来说，新"物理学"与亚里士多德哲学中的这一名谓没有任何联系，甚至是消极、颠覆、批判的联系，因为关于亚里士多德的客体，实证物理学甚至无法声称它不存在。关于这一客体，它无话可说。这种"无"（rien）被巴什拉称为认识论的切口。

** 这一定位构成了科学的系谱学。科瓦雷（Koyré）或康吉莱姆的作品是系谱式的。阿尔都塞同福柯的惊人举措（包括杰作《临床医学的诞生》[*Naissance de la clinique*，PUF, 1963]在内的举措所表现出特殊的重要性）的区别在于理论信念：如果科学系谱学与非科学考古学是可能的，那么相反，科学考古学便不会存在。科学正是实践，它除自身外没有系统的底层结构，也没有基本的"土壤"，在该种程度上，任何组构的土壤都是意识形态的理论无意识。

年轻著作题为《黑格尔国家哲学批判》(*Critique de la philosophie de l'État de Hegel*);科学性著作《资本论》的副标题则是《政治经济学批判》。通过产生一种全新学科(历史科学)的概念,马克思不仅放弃了黑格尔的意识形态空间,而且可以说是做出改变:他所在的别处并不是相对于黑格尔的别处。因此,相较于后黑格尔的意识形态,他似乎是出现在其另一种存在的激进事实中。

对这一事实的简单考量是:马克思建立了一种新的科学,向我们指明概念的差异,对历史切口的一切掩饰都是通过一种衍生的效应来实现废除。这一本质性的差异内在于马克思的理论计划,而黑格尔/马克思的差异是历史经验主义的证据,这是马克思主义科学(历史唯物主义)与另一种学科的差异,在后者的内部可有权陈述这门科学的科学性。阿尔都塞遵循一个或许值得商榷的传统,将这第二种学科称为辩证唯物主义,而他的"第二代"文本则以历史唯物主义与辩证唯物主义的区别为中心:这一重要的差异,即便只是在理论策略上,阿尔都塞也从未将其忽略。事实上,庸俗马克思主义的各种变体是根据消除这种差异的不同方法而得以明确的。

——基要马克思主义将辩证唯物主义纳入历史唯物主义。事实上,它将马克思的著作视为一种辩证人类学,历史性是其中的奠基性范畴,而不是一种被建构的概念。他以此消解了历史概念,将其拓展至综合环境的观念维度,在那里,结构的反思(其"内在化")是结构本身的中介功能。

——相反,总体马克思主义将历史唯物主义带入辩证唯物主义。它实际上将矛盾视为适用于任何客体的抽象法则,且将给定生产方式的各种结构性矛盾视为法则普遍性中所包含的特殊情况。在这些条件下,构成历史唯物主义特定客体的程序被废除了,而"马克思的结论被整合进一种综合体中,该综合体无法违抗那将**总体**(Totalité)的一切假定都献予想象的规定"。马克思身披德日进神父(Père Teilhard)的"宇宙"法袍走了出来,多么奇特的轮回……

——最后,类比马克思主义在历史唯物主义与辩证唯物主义之间建立了一种将两者并置的对应关系,马克思主义哲学在任何时刻都是社会既定形态的结构性复本,尤其是阶级关系的客观形式的复本。

通过另一个术语或纯粹的冗余来确定一个术语,这便是纯化差异的三种通用手段。然而,正如雅克·德里达所极力强调的,被纯化的差异仅是同一性的失败。任何真实的差异都是不纯的*:

---

* J. Derrida, « Le théâtre de la cruauté et la clôture de la représentation », *Critique*, n° 230, juillet 1966, p. 617, note 13. 我们可以"同时"考量阿尔都塞对马克思、拉康对弗洛伊德,以及德里达对尼采和海德格尔的解读吗?这是我们的形势中最深层的问题。在其整体现实性中考虑这三种话语,我认为答案无可避免地是否定的。甚至可以说:无限地接近那将其彼此远离的东西,这是它们共同的进步条件。不幸的是,在概念商业化的当今世界,折中主义是合乎惯例的。

对历史唯物主义和辩证唯物主义概念的保留，关于原始的不纯及其差异之复杂性的理论，术语的间隔所引起的失真的理论，所有这些都同时对庸俗马克思主义的变体进行系统分类。这已不再是微不足道的事。

此外，历史唯物主义与辩证唯物主义——我们将在下文中分别用 MH 和 MD 指代——之间的区别标志着马克思主义理论革命的广度：这场革命在历史科学的建立之上增添了一个知识生成中的独特事实，即一种全新哲学的建立，一种"使哲学从意识形态状态转变为科学学科状态"的哲学（*MH-MD*，第 113 页），由此一来，马克思的作品便呈现为一种切口之上的双重建立——或更应该说：一种建立之上的双重切口。

为明确区分 MH 和 MD，区分（历史的）科学和具有科学性的科学，必须采取马克思的举措，并因此将他的双重职能——科学的与科学兼哲学的——指派到正确的位置，置于复杂的知识形势中，在那里，于我们眼前解体的是战后的主导意识形态：现象学的唯心主义。

以此将阿尔都塞作品重新置于其战略背景之下，便可根据其论证顺序对其进行探究。这里既不是要将其讲述，也不是要将其与现有的理论或某种未区分于实在的概念进行比较，而是使其退入自身，令其作为理论并根据其产生的元理论概念发挥作用，检验其是否遵循了自身操作所引出的规则，即作为其客体的建构法则。如果在文本产出的作为其自身规范的部分与这些规范的文本化生成之间存在空缺和差距，与其对计划进行质疑，不如"缝合"*这些空缺，并在文本中引入这些空缺所证明缺失的问题。我们将马克思主义理论的话语用于这些空白的自我恢复，且不将其摆脱。

---

* 我们知道，缝合的概念是由雅克·拉康和雅克-阿兰·米勒引入的，目的是思考主体在精神分析领域中的位移。参见 *Cahiers pour l'analyse*，n° 1，janvier 1966. 我对其的顺带使用是指示性的。

理性主义是没有开端的哲学:理性主义是一种再开启。当我们在它的某一种操作中对其进行定义时,它其实早已重新开启(巴什拉,《应用理性主义》[*Le Rationalisme appliqué*],第 123 页)。

有人或试图根据分裂马克思主义革命的初期差异进行研究,并将问题分配至两个方面:一方面是阿尔都塞对历史唯物主义的贡献*;另一方面是对辩证唯物主义的贡献。我们马上可以说,这将是对差异的本质、不纯和复杂性的掩饰。事实上:

(1) MD 和 MH 之间的区别内在于 MD,这使得任何对称性、任何对问题的解析分配都成为

---

* 让我们一劳永逸地强调:通过将检视限制在阿尔都塞提出的基本概念之上,我们毫不隐瞒一点,即马克思主义的(再)开启已是一项集体化工作。其专有的政治目的指派给它的内容比其余一切都更为集体化。

徒劳;

(2) 我们真的可以在这里发表 MH 的理论话语吗?

抑或我们简略地讲述这一科学,并因此坠入陷阱之中,这个陷阱使我们认为(即便阿尔都塞作品的功能是阻止我们这样认为):通过将马克思主义确定为一门科学的创立,阿尔都塞提醒我们,将验证的细节扩展至虚幻的结果是不可能的,因为科学的客体与其所处的必然性结构是一体的。

抑或我们尝试得出 MH 合理性的特定形式,通过"*哲学反思和新的合理性形式的产生*[……]"来进行一项基础科学发现的"恢复"(*LC* II,第 166 页)。或许我们所谈论的是 MH,或许我们提出的是作为 MH 话语之沉默前提的话语。但我们所进行操作的地点恰好不是 MH,而是我们能够思考的地方,不是 MH 的科学客体("生产方式"和"过渡形式"),而是其科学性；因此在本质上，是 MD 的地点。

从 MH 中，我们只能呈现在 MD 中发生的情况。我们的陈述因而将完全内在于 MD，包括在最后涉及的，有关 MD 本身理论规定的各种难题。

(3) 然而，根据那被称为双重切口的悖论，MD 依附于 MH，这一理论上的依附依然是模糊不清的：不仅仅是因为 MD 只能通过对现有科学的考量来自然地产出"新的合理性形式"的概念，根据阿尔都塞某个神秘的表达，这些形式处于"实用的状态"；更主要是因为，与唯心主义认识论不同，MD 是一种科学的*历史*理论。MD 是"科学与科学史的理论"（*LC* II，第 110 页）。事实是，除科学的理论史之外，不存在其他的科学理论。认识论是理论史的理论；哲学是"认识生产史的理论"（*LC* I，第 70 页）。这便是为何历史科学的革命性建立也催生出一种哲学革命——因为它使产生科学知识的科学史成为可能——以 MD 为代表。*

由此我们可以看到 MD 和 MH 之间的差异在何种程度上是不可分配的。在这里，我们有一个未分化的差异，主要是混杂的：不纯。MD 与所有科学（尤其是 MH）的混杂并未终结科学认识过程的自主性。然而，它以内在于 MD 的存在形式构成了这种自主性，这种撤离（retrait）。我们或许可以说，MD 与科学"平齐"，以致科学的缺失即科学的话语因保持距离而产生的沉默构成了认识论的决定性缺失，这一科学在认识论的缺失中被频繁提及，因为对科学性的认识即对科学叙事特定的不可能性的认识，对科学在其本身之外，在其客体的实际生产中的缺失的认识。然而，在 MD 内，我们对阿尔都塞概念的验证将通过 MH 中释出的内在来加以组织，这是一种停留于自身的缺失形象。

---

* 关于这一点，参见 *MH-MD*，第 115 页。

出于一些陆续显现的原因,我们将围绕两种差异展开分析:科学与意识形态的差异,以及决定性实践与支配性实践的差异。因此,我们将依次探讨话语理论和结构因果性理论。

科学与意识形态

从 MD 的定义(MH 的科学性在这一学科中得到陈述)出发,可以立即得出结论,即决定其领域的是科学概念。MD 或许无法在一种不可分解的"看"中展现科学的同一性;同样,此处最为首要的是科学-意识形态这一差异性组合。MD 的固有对象是相关差异的体系,该体系同时将科学与意识形态分离和连接。

首先,为了粗略描述这对组合的特征,可以认为科学是产生认识的实践,其生产手段便是概念;意识形态则是一个再现系统,其功能是社会实践性的,且在一组概念中被自行指定。科学的固有效应——"认识效应"——是通过对某一客体的调节生产而获得,该客体在本质上不同于给定的客体,甚至也不同于真实客体。相反,意识形态表达的是实际经验(*vécu*),不是人与其存在条件的真实关系,而是"(人)体验与其存在条件之关系的方式"(*PM*,第240页)。

因此,意识形态所产生的是识别(*reconnaissance*)的效应,而不是认识的效应,就像克尔凯郭尔所说的那样,当与我保持联系时,它便是一种关系。在意识形态中,被表现的条件是再现的,而不是已知的。意识形态是一种重叠(redoublement)的过程,内在地——也是神秘地,至少在我们当前的认识状态下——与幻象(phantasme)联系在一起。至于这种重叠的功能,是将想象物和实在物以特定的必然性形式缠绕在一起,该形式确保某些确定的人能够有效地完成由社会整体的不同机构所"空无地"规定的任务。

如果说科学是转变的过程,那么作为无意识产生与发展的意识形态就是重复的过程。

该组合是首位的(并非每个术语都是如此),这意味着很重要的一点,即科学-意识形态的对立不是分配性的:它不可能立即分配不同的实践和话语,更不可能抽象地让科学"增值"而"反对"意识形态。的确,诱惑过于明显。在政治斗争中,面对共产党的理论松懈,使这一组对立成为规范,并将其等同于真理-谬误的(意识形态)组合是十分危险的。通过这种方式,我们将一种理论差异引入了游戏,在其中,**善**与**恶**使其相互形象的闭合无限长存。然而很明显,命令一个主体"保持自身位置"的社会实践性功能不可能否定认识客体的产生,而这正是为何意识形态是对社会建立的不可化约的层级,科学无法将其分解:"不可想象的是,共产主义——作为新型生产方式且要求确定的生产力和生产关系——

可以免除生产的社会组织和相应的意识形态。"（*PM*，第 239 页）实际上，被视为开辟新学科领域（MD）的科学-意识形态对立本身并不作为简单的矛盾得到发展，而是作为一种过程。的确：

(1) 科学是意识形态的科学。除了重复科学是关于其客体的科学这一纯粹的重言式之外，"科学是什么的科学？"的问题只允许有一个答案：科学产生了客体的认识，该客体的存在由意识形态的一个确定区域指定。意识形态的概念确实可以被描述为联络功能所依据的指标*。指标的相关系统再现了规范复合体中存在的统一性，该复合体使现象的赠与（马克思称其为表象）合法化。正如阿尔都塞所说，意识形态产生了理论

---

* 最好的术语或许是"指示词"（détonateur）或英语中的等价术语 "designator"（参见 R. Carnap, *Meaning and Necessity*, Chicago, 1956, p. 6）。指示的形式理论，以及蒯因鲁-撒克逊逻辑经验主义所发展的更为普遍的形式语义学，在我看来都为意识形态的结构分析提供了框架。当然，对于卡尔纳普（Carnap）而言，语义学是一种科学理论：也就是说，逻辑经验主义本身就是一种意识形态。剩下的是它对相关描述和再现话语的普遍形式（即所有意识形态话语中最抽象的形式）的系统考察。

的感受（sentiment）。因此，通过一种统一的压力*，想象在与"世界"的联系中得到彰显，而总体系统的功能是对一切实在之物提供一种合法化的思想。在这些条件下，很明显，正是在意识形态空间的内部产生了"实在客体"的指称，其认知客体由科学产生，正如认识客体自身存在的指示（但不是它引发的认识效应）。从这个意义上讲，科学始终表现为"意识形态的普遍性向科学的普遍性的转变"（*PM*，第189页）。

（2）相对应地，意识形态始终是科学的意识形态。就存在者的总体性和规范性指称的意识形态机制而言，它仅在一门科学的存在者被指定的区域内被发现（认识），这些存在者也是真实客体，其认知的专有性由科学实现。或许我们可以将大量的话语正式地指定为意识形态。在政治

---

* 从绝对意义上讲，总体性的概念是理论幻象的典型例证。萨特式的总体化是对幻象的幻觉式批判：它是意识形态内的位移过程。

实践中,我们并不剥夺这一点。但正因为它是一个指称,所以这种评估本身就是意识形态的。唯一被认为是意识形态的话语处在对科学的回溯中。

马克思仅为我们留下了一种完备的意识形态理论(他将《资本论》的整个第四卷都投到这一点上!):经济意识形态,可分为古典经济学("切口边缘"的意识形态)和庸俗经济学(严格意义上的意识形态)*。他在《资本论》中仅提出了局部性的科学概念,即经济机构的概念,而在对这些概念的回溯中,他只能设想这种意识形态。

---

* 庸俗经济学在许多方面都特征鲜明。例如:"庸俗经济学(……)满足于表象,为了自身需求,以及对最粗浅的现象的庸俗化,它不断咀嚼那些已被前人阐述过的材料,并仅限于卖弄学问式地将资产阶级用于充实自己世界——可能的世界中最好的——的幻想作为永恒的真理架设到系统之中。"(*Le Capital*, Éditions sociales, I, p. 83, note)因此,意识形态:(1) 重复着现时(表象),即客观的幻觉,(2) 在这一被再现的现时中重新嵌入各种科学概念本身(被阐述过的材料);(3) 将被再现的(系统)总体化,并将其视为真理,意识形态将自身指定为科学;(4) 其功能是满足某种阶级的需求。

因此，我们可以衡量科学与意识形态之间关系的复杂性及其机动性。毫不夸张地说，MD在这个问题上已经达至顶峰：在保留差异的不彻底性的同时，如何设想科学与非科学的联结？如何设想双重关联的非相关性？从这个角度看，我们可以将MD定义为切口的形式理论。

我们的问题因而发生在更为广阔的概念背景中，它涉及社会形成的机构之间所有的联结与断裂形式。

结构因果性

即使这只占据阿尔都塞学说的一部分，我们也会在此尝试尽可能地严格。

同任何概念的建构一样，对"社会效应的生产机制"（MH的特定对象，$LC\text{ I}$，第84页）的认知（无形中）预设了一个普遍理论。

实际上，科学是一种论证性话语，在概念的继承范畴上，它与将概念"垂直"排列的复合系统联系在一起。语言的类同使我们认为，科学的客体必然地将自身呈现的表达过程就是理论范式的意群："思想总体性或系统中概念的组织结构。"(*LC* Ⅰ, 第 87 页)* 例如，马克思关于利润率趋向下降规律的论证似乎在逻辑上服从于"先前的"概念结构（价值理论、剩余价值概念的建构、简单再生产理论等）。但这种历时从属关系指向一个复杂的共时集合，在那里我们可以找到：(1) 由具有组合规律的概念所连接的系统；(2) 组织该系统有力的部署的话语序列形式。

认识效应理论的目的是使差异与统一主题化，即系统中概念的组合范畴与科学话语性中概

---

* 认识客体与实在客体间的本质区别，作为生产的认识理论，系统与阐释过程之间的差异，所有这些都是对马克思的"典范"文本进行深入反思的结果：1857 年的《政治经济学批判》导言（法译本参见 M. Husson et G. Badia, Éditions sociales, 1957, p. 149 - 175)。

念的表达-连接类型之间的"差距"(*LC* I, 第 87 页); 问题的困难在于, 第二种范畴绝不是第一种范畴的轨迹, 也不是其重复, 而是它的存在, 由系统的缺失和这种缺失的内在所决定的存在: 其自身存在内部的不在场。

可以说, 系统的解释不可能是(科学的)话语的效果, 而其话语的运作恰恰需要对它所保持存在的"垂直"组合的不解释(*non-explication*)。因此, 科学系统的理论表述不属于该种科学。* 事

---

* 米歇尔·塞尔(Michel Serres)在数学上出色地为相反的论点辩护 (M. Serres, « La querelle des anciens et des modernes en mathématiques », *Critique*, n°198, novembre 1963)。塞尔认为, 现代数学将自身作为客体, 并逐渐引入其自身的认识论。更笼统地说, 一门成熟的科学是"具备对自身领域进行自我调节的科学, 它因而具备原生的认识论和关于自身的理论, 后者依据描述、原理和规范以其自身语言被表达"(同上, 第 1001 页)。对该论点的精确讨论在这里是不可实现的。我们可以简单地指出, 塞尔所指的原理是一种先验的观点。另一方面, 如果我们详尽地将科学定义为某种特定效应的生产, 并将认识论定义为这一效应的生产方式的理论史, 认识论的引入便似乎是不可能的。事实上, 数学切实"处理"的并不是其过程的实际法则, 而是数学的意识形态再现, 是一种认识论的幻觉。对它来说, 这种处理确实是必要的, 因为同所有科学一样, 数学是意识形态科学。数学的独特性在于它确定的"外部"仅是意识形态领域, 数学本身在其中被指明。这就是该种科学"先验"特征的真实内容: 它向来都只能与其自身事实分离, 正如再现中所示。

实上，MH 系统的表述，它所展示的特殊因果关系理论（作为其客体的法则）不属于 MH，也不能属于 MH。阿尔都塞关于支配结构（*PM*，第 162—224 页）和关于《资本论》的对象（*LC* Ⅱ，第 127—185 页）的基本论述也不属于 MH，而是属于 MD。正是在 MD 中，这些概念根据继承的历时形式展开，这些形式本身又与可指出的最普遍的系统（缺失的）联系在一起，即 MD 的系统，或是**理论**。

因此，让我们考虑 MD 所产出的 MH 概念的系统性组织。

该组织首先赋予自己初始的词汇，即那些未被定义的观念，它们将在系统中通过其"公理的"连接转化为概念。这些基本观念被汇集在对 MD 最普遍的概念即实践概念的定义中："通过普遍意义上的实践，我们所指的是使用特定（'生产'）手段将特定原材料转化为特定产品的任何过程。在如此构想的一切实践中，过程的决定性时刻（或元素）既不是原材料，也不是产品，而是狭义的实践：转化工作本身的时刻，它以特定的结构利用人员、资料和使用资料的技术方法。"（PM，第 167 页）

事实上，初始概念是：(1) 劳动力；(2) 劳动资料；(3) 将力量应用于资料的形式。两个端点（起初的原材料、最终的产品）仅是过程的界标。

这三个术语的特定组合——在其自身的"无论如何都是某种产品的结构"（LCⅠ，第 74 页）中被思考——定义了一种实践。

以此构建的第一个集合便是实践的名册。阿尔都塞给出了多个名册，且大部分都是开放的。这些名册中不变的部分包括：经济实践（其界标是大自然和使用品）、意识形态实践、政治实践、理论实践。

将实践概念视作 MD 最具普遍性的概念（其观念的首个有规律的组合），也就是说在"社会整体"中只存在实践。任何其他所谓的简单客体都不是认知客体,而是意识形态指标。这也意味着该概念的普遍性不属于 MH,而仅属于 MD;实践并不存在:"没有普遍的实践,只有有区别的实践。"(LC I,第 73 页)可以说:正如 MH 所认同的那样,历史只包含确定的实践。

在这些条件下,唯一可以设想的"总体"显然是"既定的社会中存在的实践复合体"(PM,第 167 页)。然而,将不同实践彼此连接的统一体类型又是什么?

首先,让我们同意将社会组织的机构称为一种实践,它与所有其余的实践相关。* 不同机构彼此间差异性自治的确立,也就是说其概念的建构(这意味着我们可以谈论科学史、宗教史和"政治"等),同时也是它们的链接和阶层在特

---

* 在著作《保卫马克思》(Pour Marx)中,出于对传统的保守并为了更好地借鉴毛泽东的观点,阿尔都塞仍将链接实践(pratique-articulée)称为一种矛盾。我们坚决弃用这个含混的指称。

定社会内部的确立。事实上，考虑不同机构之间的建立与链接的关系，就是考虑"它们的独立程度，它们'相对的'自治类型"（*LC* I，第 74 页）。一个机构完全由它与其余所有机构所保持的特定关系定义："存在"的是机构的链接结构。有待从中发展出认知。

在如此确立的位置分配中，对于既定社会的某种状态，可能会存在一个优先机构：该机构需要概念来考虑他者的实际效力。或者更准确地说，从这一机构出发，对于社会整体的既定"停滞"，我们可以在其有效依存关系的实际类型中合理地浏览整个机构系统。我们可以依据效力的移动阶层结构所规定的路线，将可想象的机构系统称为形势。形势首先是对支配性机构的确立，其定位决定了对整体进行理性分析的起点。

MD 的第一个主要论点——在这里被视为 MH 的认识论——认为所有机构始终定义着一种形势的存在形式；换言之，"复杂的整体具有支配性结构的统一性"(*PM*,第 208 页)。

如今很明显,形势改变了。我们想说的是,它是结构性整体的存在形式的概念,而不是这些形式变体的概念。为了使我们直接置身于最大假设中,可以承认,当一种形势类型由占据"第一角色"(*PM*,第 219 页)、具有支配性的机构定义时,任何类型都是可以想象的:政治支配的形势(国家危机)、意识形态(反宗教斗争,例如在 18 世纪)、经济(大罢工)、科学(决定性的切口,如伽利略物理学的创立)等。因此,重要的是确定这些变化的不变量,即形势效应(*effet-de-conjoncture*)的产生机制,它同时还与整体的存在效应混合在一起。

让我们将这种效应的生产称为决定(*determination*)。我们注意到,决定完全是由其效应定义的:形势的改变,其本身可在形势的位移中被识别,在支配元素的位移中被识别。既然如此,产生这种位移的效力又是什么?

需预先提醒的是：无论如何，在机构中，或是在根据其与所有其余机构的完整关系而被考虑的实践中，我们都无法找到决定的奥秘。在机构方面，只存在一种支配的连接结构。认为是整体的一个机构决定了形势，因此便不可避免地会混淆决定（支配元素的位移定律）与支配（在一个既定形势类型中各种效力的等级化功能）。总之，这是马克思主义一切意识形态偏离的根源，尤其是其中最令人生畏的经济主义。事实上，经济主义假定经济总是支配性的；任何形势都是"经济的"。然而的确，经济机构始终出现在链接的整体中，但该机构能够在那里选择成为或不成为支配性的：这是形势问题。因此，经济机构并不具备原则上的优先性。

如果没有任何机构可以决定整体，那么相反，一种在其自身结构中被考虑的实践——可以说，该种结构与将这一实践阐发为整体机构的结构不一致——相对于整体是决定性的，它在这一整体中再现为离心的种类。我们可以想象，支配性元素的位移和形势的相关变形是某一机构的下层结构的影响,该种结构是实践结构(structure-de-pratique),与在整体中将其呈现的机构不一致。可以想象,社会组合中的一项(这次是不变项)在其自身的复杂形式中将两种功能搭接起来:机构功能,它将其与等级森严的结构整体相联系;**支配性实践功能**,它"在现实历史中,在首要角色于经济、政治和理论等因素间的变换中确切地行使了这一点"(*PM*,第219页),简言之,在支配性因素的位移和形势的固定中。这样一种实践,如斯宾诺莎的**自然**一样,是同时架构与被架构的。它将被置于其自身决定的位置体系。但是,作为决定性因素,它将保持"不可见",不会在机构的星丛中出现,而仅被再现。*

---

* 一切结构主义的根本问题是具有双重功能的术语,它决定了其他术语对结构的归属,只要它本身被特定的操作排除在外,从而使它仅出现在其代表的种类(地点占据,使用拉康的这一概念)之下。列维-斯特劳斯的伟大贡献是在**零能指**(Signifiant-zéro)仍旧混杂的形式中认识到了这个问题的真正重要性(参见 *Introduction à l'œuvre de Mauss*,PUF,1950,XLVII ss.)。通过表示特定的排除和相关的缺失(即:决定或结构的"结构性")的术语,占据的位置被标示。

用生硬的方式概括，这就是 MD 的第二个主要论题：存在一个决定性的实践，这一实践便是"经济"实践（更准确地说：以自然和使用品为界标的实践）。

应注意的是，决定性因素的因果关系类型完全是原创性的。事实上，被视作决定之原则的经济实践并不存在：在支配性链接的整体中出现的（唯一实际的存在物），是仅作为同名实践代表的经济机构。然而这一代表本身处于决定之中（取决于经济机构是支配性还是从属性的，取决于其形势效应的广度，后者由机构间的关联规定……）。因此，经济实践的因果关系是在业已结构化的整体上缺失的因果关系，该种关系通过某一机构得以再现（*LC* Ⅱ，第 156 页）。

结构因果性的问题，"通过某一既定区域的结构以决定其现象"（*LC* Ⅱ，第 167 页）的问题，更准确地说是在每个机构本身都是组合形式的前提下，"通过支配性结构确定从属结构"

(同上)的问题,该问题以 MH 指定给它的形式提出:各机构的组合——"支配性的特殊不平等结构,属于既定的复杂整体"(*PM*,第 223 页)——与这一整体的决定与位移("复杂过程")通过一种被再现的实践实现了离心式统一,但除其效果外没有其余存在。

在阿尔都塞看来,这个问题"将马克思的重大科学发现[……]概括[……]为一个庞大的理论问题,它'以实践的状态'被包含在马克思的科学发现中"(*LC* I,第 167 页),该问题还远未解决。我们甚至无法确定是否能够(在理论上)将其提出。或许我们目前只能将其指明。为了将自身转化为被指明的认识客体,这一指示或许应采取对斯宾诺莎的阐释这一意料之外的形式。*

---

* 例如,参见 *LC* I,p. 49。物质的内在因果性事实上只是其效应:顺生自然(Nature naturée)的样态内部流动性,源生自然(Nature naturante)则是其缺失的决定。然而,上帝的确被再现为样态(通过其恰当的观点)。在我们称为人的结构形态中,这种决定的再现可以是支配性(自由)或非支配性(奴役)的:**智慧**(Sagesse)是一种形势。

无论如何，MD 的进一步发展都取决于结构因果性问题的解决，或至少是提出。

最终，我们必须找到行动的主要"空白"，这些空白对文本本身造成的变形影响可以在我们已区分的水平上被识别（科学与意识形态的先天差异、结构因果性理论）。这些空白可以相对生硬地被表述为两个问题：

(1) MD 自身的理论地位如何？

(2) 决定得以进行的结构能否在集合的基础上被界定？如果不能，我们是否真的可以构想一种组合，而无须采用位置的"空间"概念，也无须通过其占据和分配位置的特有能力来规定组合的元素？

MD 的地位问题势必会引发第二个问题，因其呈现的是再现的秘密。关键在于知道 MD 是否在操作性的区分中得到再现，这一区分使 MD 成为可能,并组织其自身的话语性。MD 是否陷入了其构思的"认知"实践*的形式配置中？MD 是一门科学吗？如果不是,那它是一种意识形态吗？

阿尔都塞对此表示出些许犹豫,即便这通常意味着将 MD 指定为哲学。这一指定几乎无法推动我们前进,其原因是意识形态/非意识形态这一组对立适用于哲学:"西方哲学的全部历史不是由'认识问题'支配的,而是由意识形态的解决方案支配,也就是说,该方案是由实践、宗教、道德和政治的'利益'预先施加,无关于认识的现实,而该'问题'本应接受这一现实。"(*LC* I,第 66 页) MD 的最佳定义是"非意识形态哲学"吗？然而,只有当我们考虑哲学与非意识形态(诸如科学)的内在联系时,这种名称的

---

* 正如阿尔都塞在很多地方所指出的,这些实践的完整领域,除理论实践和意识形态实践外,还应包括"技术"认识和"经验"认识,这些认识或许可被规约为已知、再现和其他效应之间的某些过渡形式,处于社会组织的其他层级内部。

集合体才有意义。

事实上,阿尔都塞考虑到了这一关系,其内容是"通过哲学生产新的理论概念,以解决理论问题,这些问题如果没有被明确提出,至少也'在实践状态下'被包含在重大的科学发现"中(*LC* Ⅱ,第 166 页)。每一个科学的切口都伴随着相应的哲学"恢复",后者以反思和主题的形式催生了以实践(即操作)方式投身各类科学的理论概念,如柏拉图之于几何学、笛卡尔之于新物理学、莱布尼茨之于微分学、康德之于牛顿、MD 之于 MH,马克思(哲学家)之于马克思(科学家)。

然而,阿尔都塞没有告诉我们的是:

(1) 是什么将这种"恢复"与对科学这一新事实的纯粹且简单的意识形态再记入(*réinscription*)区别开来;是什么将这种恢复与对科学概念的分化区别开来,后者通过"真理"和"奠基"的意识形态算符来反思或忽略科学话语在意识形态话语的幻象统一中的绝对差异;是什么将哲学与意识形态一个尤为棘手的领域区分开来,作为根本的非意识形态的科学在该领域中实现了意识形态化。阿尔都塞没有告诉我们的是,科学与哲学在经验上显著的相关性是否并非由于哲学在事实上是"专攻于"科学,我们的意思是:专攻于对单一话语的统一和基础式掩藏,该种话语即科学话语,其特定的进程无法被简化为意识形态。

(2) 是什么区分了作为哲学再现的 MD 与先前的(哲学)认识论,后者明确致力于提出、区分并简化科学的概念。阿尔都塞没有告诉我们如何避免或限制 MD 与哲学意识形态的普遍形式——MD 本身将其概念化——之间可定位的同构。阿尔都塞清楚地认识到,意识形态哲学最为显著的形式特征正是它赋予折中主义的特征 (*PM*,第 53 页):理论目的论和自我理解性。然而,作为构想一切理论性实践之"形式条件"

的"最高"理论学科（*PM*，第170页），MD必须具备这两种特征：如果MD确实提出了一切理论性实践的理论，那么它就不可避免地是自我理解和循环的，因而也会提出其自身实践的理论（与一切其他科学不同）。*作为认识论切口的普遍理论，MD（与所有其他科学不同）应能思考自身的切口，反思自身的差异，而科学只是这种差异本身的发展行为。

因此，出于自身利益，MD恢复了差异自身在场（présence-à-soi）的意识形态，即透明身份的意识形态；"能够考虑自身，以自身为客体"（*PM*，第31页），它与绝对知识的差异比阿尔都塞所承认的要少得多，因为除自身本质外，它还包含另一些东西，使其能够思考一切科学的科学性，思考其不可见却有效的本质，它由此阐明

---

* 正如阿尔都塞谈到胡塞尔时所表示的，将循环声明为循环并不能就此将其摆脱。我要补充一点：将循环的循环性命名为"辩证法"不应掩盖这一循环是意识形态循环的情况。

了理论生产的各种方式，并将其作为自身进程的明确形象。MD 很可能是有关 MH 的一种"哲学的"恢复，是哲学史所致力的任务的延续：在意识形态的封闭幻象中，对科学开放的限制是不可能实现的。MD 或许仅是 MH 所"需要的"意识形态。

最后，我想要同时强调这一 MD 的（再）开启的绝对必要性与风险。

首先我很清楚，如果我们希望至少能够谈论那沉默的现实（理论上是沉默的）向我们呼吁的事物，并且这一事物使我们成为历史所决定的功能的"载体"，那么目前就别无其他途径。如果我们想要考虑构成我们的政治形势的内容，那就别无其他途径：去斯大林化（déstalinisation）和"和平共处"，与苏维埃政体所定义的这种倒退式过渡形式相关；美帝国主义；中国式革命，另一种过渡。

正是由于阿尔都塞周围的马克思主义者们在认识论上的清醒,我们才能够在理论形势上反思这种政治形势,反之亦然;否则,我们将重复那庸俗马克思主义的描述,并在各方面将生命科学交付于形式主义右翼和文学神学家们支配。

我们应将 MH 概念的现时性归功于这些马克思主义者,可以说是他们真正地将其揭示。自马克思以来我们便拥有了这些概念,它们并未被遗忘,但被歪曲,被改写,被驱逐。而且,出于必要的原因我投身于 MD,因此我几乎没有谈论过严格意义上的历史科学(但让我们读一读马克思:今后我们可以这样做),我想在此提及我们于政治实践中所提供的服务,提及 É. 巴里巴尔(É. Balibar)在过渡形式上所取得的惊人成就($LC\,II$,第 277—332 页)。

或许政治机构理论仍有待完成,但我们知道,一些马克思主义者正在为此努力;这一理论的位置已被多次指明。当形势要求我们在现象学唯心主义的普遍批判之外,通过新的科学结构——且在这些结构之中——来维持阶级组织的理性主义与革命性的严谨时,认为政治实践将被赋予其地位,这塑造了我们的需求。

然而,阿尔都塞质询式的作品处于切口的情境中。在许多方面,理论上的愤恨依然支配着这一作品,使其有时对在哲学乃至意识形态传统中与之相关的一切都视而不见。

或许每个人都必须为了自己的利益而摆脱理论暴政——我们在其影响下学会言说——黑格尔式的暴政。但是,为了确切地远离这样一个被诅咒的国度,仅仅宣称自己走出了黑格尔是不够的,正如我们所知,在这个王国中,没有什么比无止境地就地演唱出征曲更为容易的了。

如果我们暂时将黑格尔式的计划概括为总体性与否定性这两个相关概念,我们将有两种摆脱这位大师的方式,沿着这两个概念所阻拦的出路。

通往总体性的道路不为我们敞开，这是康德的第一批判所严格确立的，这从一开始就建立在科学的纯粹事实*中，且未尝试将其化约或消除。在许多方面，先验辩证法都是阿尔都塞式争论的隐秘支配。《读〈资本论〉》(*Lire le Capital*) 中有诸多描述使认知对象与其生产条件（例如问题式）相联系，这一联系方式与康德的渐进和建构方式极为相似，这不足为奇。甚至，为了摆脱将主体与客体无休止对峙的经验主义"圈套"，阿尔都塞谈到了"借助认知客体对实在客体进行认识占有的机制"(*LC* I，第71页)，这与模式论 (schématisme) 相差无几，后者同样绕过了对真实的保证和"管制"问题，从而转向概念的功能结构的实际问题。认识生产的理论是一种实践模式论。阿尔都塞所勾勒的概念

---

* 让我们重新阅读《纯粹理性批判》第二版的序言：康德在那里扩允了无概念的奇点指数，一种支配科学"虚假的"上升的准奇迹 (quasi-miracle) 指数："源起于一个人的革命"……"文章独到的观点"……"……有幸完成了"……"被光芒打动"。科学是纯粹的事实，在其"之下"空无一物。

哲学——像卡瓦耶斯所做的那样——十分类似于对结构化知识领域的展示，它是无主体的多元超验领域。

如果现在我们转向否定性概念，包括它的所有含义（表达因果性、理念的精神内在性、自为的自由、**概念**再临的目的论等），我们可以清楚地看到，其激进的批判在最初是由斯宾诺莎引导的（对目的论的批判、理念客体的理论、幻象的不可化约性等）。这一影响是公开、被认可的，因而无须于此强调。

真正的问题是要最终明白，我们在阿尔都塞的"区域性"认识论中看到的"多"的康德主义，以及调节其"普遍"认识论预设的因果性斯宾诺莎主义，这两者之间是否存在着相容性。换言之，问题在于 MD 的单一性，甚至是其作为独立理论学科的纯粹而简单的存在问题。

我们没有犯错：康德和斯宾诺莎可在此被提及，其前提是我们撤销了表面上可将他们结合在一起的内容:《伦理学》的第五卷被撤销,一种人类之于终极基础的共同归属形式在上帝的理智之爱中被恢复;被撤销的还有第二批判,其中的自由开启了通往超现象的(trans-phénoménal)道路。仍有待思考的是区域性、历史性和逆退性的认识论与结构效应的总体理论的艰难结合。这是斯宾诺莎中的阿尔都塞,或者说——为了思考马克思——斯宾诺莎之中的康德。这是一个复杂的隐喻形象,在此基础上可以确定辩证唯物主义是否已切实(再)开启。

让-弗朗索瓦·利奥塔：
巡夜人，夜已至何？*

---

* 关于 J.-F. Lyotard, *Le Différend*, Paris, Minuit, 1983.

1982年,当我在公众显著的冷漠中——达到了某种孤独的顶点——出版《主体理论》(*Théorie du Sujet*)一书时,我受邀参加了由雅克·德里达、菲利普·拉古-拉巴特、让-弗朗索瓦·利奥塔和让-吕克·南希在巴黎高等师范学院联合举办的"政治撤离"研讨会。我们很少能看到这样一支队伍。我由衷地感激这支队伍,尽管他们与我有很大分歧,却决定尽其所能地终结我的孤独。正是在1983年这次研讨会的间隙,利奥塔,这位我在巴黎八大的同事——尽管我们之间存在着激烈的争论——告知我他出版了所谓（唯一）的"哲学论著"，书名是《异识》(*Le Différend*)，他希望我在《世界报》上为该书撰写评论。我接受并阅读了这本书，在冲动驱使下写出了一篇文章，篇幅太长，以至无法在日报上发表。因此，它被发表在了《批评》杂志上。

一部哲学著作

近来，哲学家们因其"新颖"的独特化身而摆脱了自身过剩。但若有人阅读他们的作品——这或许不是他们想要的操练——那么这些哲学家只有在克洛岱尔《缎子鞋》(*Le Soulier de satin*) 中唐利奥波德·奥古斯特 (Don Leopold Auguste) 的明智箴言意义上才属于新颖的范畴。奥古斯特要求新事物，因为他对其钟爱有加，他要"不惜一切地获得新事物"。他指出：

"但又是什么新事物呢？新事物，却又是我们过往的合理延续。新事物，却不是异己之物。新事物，又一次冲击，却与旧事物如出一辙。"

让-弗朗索瓦·利奥塔声称自己撰写了一部哲学著作——《异识》。这是不是一种在各个方面都与旧事物趋同的新颖？利奥塔所谓的"哲学"似乎与杂志所宣扬的意义不同。这是他的哲学著作（单数形式），这等同于承认其之前于书中呈现的都不属于哲学——这十分冒险——而或许更应该是前哲学的干预，是原始状态下的哲学素。

在风格上，《异识》的利奥塔已与先前的利奥塔产生了分歧。那是一种公允且富有论证性的散文，固执地遵循其线索；一种认真考虑可能有的反对意见的意愿；一种因澄明而更为紧密的框架。与纪德笔下的普罗米修斯不同，利奥塔不会外出演讲并使报纸的读者冷静，眼中没有灰尘，没有鞭炮，没有色情照片。这是一种赤手空拳的哲学冲突。

利奥塔的主要参考对象可追溯至大洪水之前——在神圣的挪亚方舟之前。且看这些古人的名字：普罗泰戈拉（Protagoras）、高尔吉亚（Gorgias）、柏拉图、安提西尼（Antisthène）、亚里士多德，还有关于康德和黑格尔的四个概述……通过令人惊异的新颖断句和改写，所有这些备受崇敬的人物每次都得到了应有的对待，该种手段的公正性属于最为现代的任务，它推翻了我们的学术信仰。

利奥塔本人宣称，他的三个理论来源分别是第三批判的康德、维特根斯坦（关于《哲学研究》）和海德格尔。他从康德那里借用了多个判断领域的批判学说、整体的不可能性、祈使句法，以及情感的正义功能；从维特根斯坦那里借用了语言分析；从海德格尔那里则借用了**存在**的隐匿形象。《异识》事实上还包含着话语种类及其不可通约性的分类学、伦理学、政治学和本体论。正是在这一点上，如利奥塔所宣称的，这是一部哲学著作。

然而，让我们将这一宣言置于著作本身的概念法庭上。事实上，书中写道："哲学话语的关键是要寻求一种规则（或多种规则），在寻得这一规则之前，没有人能够使这一话语符合该种规则。"（第145页）从这个意义上说，《异识》是否属于哲学？它是一部自指的著作，因其包含自身的定义？

我们首先担心的是，必须寻求一种规则这一描述本身就构成了一种规则，因此，存在一种可能的方法来衡量话语与其类型的一致性，这与所得出的结论相反。应赞许利奥塔十分严肃地对待这种"诡辩"的论点。事实上，利奥塔拒绝将证据的指示视作徒劳的诱惑（现代的？后现代的？）。他抛弃了论说文的风格。这是对普罗泰戈拉或安提西尼的"悖论"令人信服的新式运用所证实的。帕斯卡尔说，柏拉图为基督教做准备,利奥塔则说,怀疑论为批判做准备。如此一来,我们将这样来驳斥这种反驳:哲学话语是对其规则的寻求,这不能作为该话语的规则。因为"寻求"意味着语句的连接类型既不是预先规定的,也不是由结果控制的。

规则的不确定性存在于确切地去规则化的多种连接程序中。在利奥塔的书中,你可以找到涉及逻辑类型的论点,或是对名词的阐释("奥斯维辛"),或是文本的植入(作者),或是话语对象的参与("你这样表示……那么……"),或是对概念及其种类的定义,或是僵局……还有其他一些手段。因此,这本书完全由众多片段构成,是一条断续的轨迹,任何整体都无法从中释出:"除了在这些岛屿之间航行外,我们还能于此做些什么,才能够自相矛盾地宣称其体制或类型是不可估量的?"(第 196 页)

这部著作是哲学性的,因为它是群岛式的。航行的规则——航行使对这一规则的绘制成为可能——无异于异识的规则,即一种多样性的规则,任何类型都无法将其归入自身规则。这里的哲学确立了它的规则,即尊重任何规则都无法通约的部分。这种尊重因而面向纯粹的"存有"(il y a)。**恶**(Mal)可以在哲学中被定义:"通过恶,我试图表达,且只能表达在任意时刻对可能的语句的禁止,对发生(occurrence)的对抗,以及对存在的蔑视。"因此,书的最后一句话是:"存有"是不可战胜的。为了发生,我们能够,也必须反对禁止。

因此,应向这最后一句话的方向航行。

一种语言原子论

很久以前,塞缪尔·贝克特笔下的主人公曾说过:"那发生的,便是语词。"这便是利奥塔的出发点:将"那发生的"(ce-qui-arrive)指定为

"语句"(phrase)。以此种方式,利奥塔位处于他所谓的西方哲学的"语言转向"中。但显然,历史的现实性只是一个契机,它没有合法化的价值。利奥塔寻求的哲学规则不是对潮流的附和。为了确定没有必要回溯到语句之下,一系列的论证是必要的。利奥塔重新发现、批判并改变了笛卡尔的明证程序。绝对地抵制本质性怀疑的不是笛卡尔的"我思",而是"存有这样的语句:我怀疑"。就其发生而言,对存有这样的语句的一切质疑本身也仅是一种语句。笛卡尔将陈述行为的主体确立为陈述内容最终的存在依据,利奥塔则坚持认为:陈述内容发生了。因此,存在的不是隐藏在"我说"之下的"我思",而是("我说"的)"我",是语句存在,或更准确地说语句事件的一种推论(发出者的机构)。

"我"的中心统一因而被瓦解。正因为存在是处于语句事件的秩序中(而不是其下层的统一确证的秩序),没有任何理由逃避存有多种语句而非一种语句的事实。就此落成的是一种语言原子论，在其中，如我们所见，包括主体和世界在内的任何事物都无法先于大量的语句发生而存在，因为世界只是一个专有名称的系统。"语句"因而指代着"多之一"（l'Un du multiple），即作为事件的意义原子。

从此处开始了一种严格的分析，我只能呈现其轮廓。

语句是绝对的一，这即刻便意味着多，无论在共时还是连续的秩序中。

在共时意义上，语句的一分布在四个机构："一个语句表明了发生了什么情况，ta pragmata 的内容，这是它的所指对象；情况意味着什么，意义 der Sinn；情况意义的对象，即接受者；情况意义的来源，即发出者。"（第 31 页）因此，研究的程序要求我们关注表现本身（关于被表现的所指的章节，其次是关于表现的章节），关注意义（在关于结果的章节中对思辨辩证的意义学说的批评),并且关注发出者/接受者这一组合(关于义务的章节)。

在连续意义上,基本原则是语句发生时,应将其连接。沉默本身也是一种语句,与前一语句连接。当然,不存在第一个语句(除在原始的叙述中)或最后一个语句(除关于无尽的焦虑)。这一点既简单又重要:"没有语句是不可能的,存有语句:这是必要的。必须予以连接。这不是义务,*Sollen*,而是必要,*Müssen*。"(第103页)

然而,鉴于这种必要性,连接的模式不乏偶然性:"连接是必要的,如何连接则并非必要。"(同上)这一次的研究要求我们关注语句的连接。然而这项任务是双重的:"必须区分[……]决定语句体制的构成和连接规则,以及从属于话语类型的连接模式。"(第198页)

语句体制的研究在某种程度上是句法式的。语句之一的四个机构的内部排列取决于该语句是认知的、规定的,还是感叹的,等等。另一方面，对话语类型的研究是战略性的，因为话语类型将语句统一以获得成功。又或者：语句体制决定了宇宙的表现方式，而这些方式是异质的。一种类型由其关键要素决定："通过旨在获得特定于该类型的成功的连接，话语类型赋予多种异质语句以统一的目标。"（第188页）这些关键要素也是异质的。因此，存在两种质的多重性：一是内在的体制多重性，因其涉及表现的句法；二是类型的多重性，它根据某种目的将内在异质性统一，并围绕"如何连接"的问题掀起一场真正的战争。因为"如何连接？"的偶然性与连接的必要性结合在一起，将多种类型表现为围绕一切语句之发生的冲突。

然而，类型战争的存在使政治无处不在。利奥塔在事实上提供了一种系统内的政治概念："政治是异识的威胁。它不是一种类型，而是多种类型，是多样化的目的，尤其是关于连接的问题。它陷入了空无，那里'发生……'［政治］是

非在的存在。"(第 200 页)

如我们所见,利奥塔几乎不关心通过社会学或经济学来为政治辩护。政治并不被存在者之存在（[être-étant]集体关联的形象）所支撑,因为它陷入了适合或不适合连接的豁口中。政治的存在是对"非在的存在"（l'être-qui-n'est-pas）的命名,命名那体裁之争的危险与悬念。

利奥塔回避了政治的现代人类学化及其后现代的经济学化,他出其不意地提出了一种政治概念,其推论性、跨类属的说明是且只能是本体论的。

一种本体论

利奥塔的本体论不是自指的,它不属于其所定义的本体论话语类型:"该类型的连接规则是第二个语句应表现出第一个语句所包含的表现。"(第 119 页)我们在黑格尔《逻辑学》的开头也看到，**虚无**表现出**存在**的表现，**生成**表现出表现的解构。

利奥塔当然不是黑格尔主义者，或至少：利奥塔与这样一个黑格尔不相符，他在利奥塔那里表现为结果和思辨的类型。关于存在的言说不是要表现出表现，而是要命名无法表现的东西。因此，群岛式的轨迹中没有关于存在的论述，而是被放逐的格言。

我们可以列出这些关于存在的格言。

——必要的是：语句不是逻辑的（如何的问题），而是本体的（是什么的问题？）。（第 103 页）

——存在着存有。（第 114 页）

——作为什么（*quoi*），语句的发生完全不是时间问题，而是存在/非存在的问题。（第 115 页）

——是（*est*）不意味任何东西，它指代着"先于"发生的意义(内容)的发生[……]。是更应被表达为:发生了吗?(法语的 *il* 表示有待被所指对象占据的空地)。(第 120 页)

此外,还有关于非存在的格言:

——一个语句通过和(*et*)附加到前一个语句,它从虚无中出现,并与前一个语句连接。因此,并置意味着非存在的深渊在语句中展开,它强调某物在被言说时所带来的震撼。(第 102 页)

——没有被表现的事物是不在场的。语句所包含的表现没有被表现,它并不在。或者说:存在不在。我们可以说:当一个被包含的表现被表现时,它便未被包含,而是被定位。又或者:被视为存在者的存在是非在。(第 118 页)

——需要否定来表现那被包含的表现。它只能被表现为在场,即非存在。这便是"忘川"(Léthé)*一词所试图表达的。(第119页)

——话语类型是忘记虚无或发生的方式,它们填补了语句之间的空白。然而,正是这种"虚无"使类型特有的目的成为可能。(第200页)

换言之:只存有语句这一事实造成的结果是非存在包围了存在。我之所以说"包围",是因为有三重非存在的出现。

第一,在任何语句都表现一个领域的情况下(根据其一的四个机构),它不会表现此种表现,后者只能在"第二个"语句中被表现,因此严格来说,在发生的时刻,它是不在场的(因为

---

* 希腊神话中的忘却之河,冥间的五条河流之一,亡魂饮此河之水后会忘记尘世的苦乐。——译注

在场的是发生所包含的表现)。

第二,存在本身并不在,因为没有语句是它的发生。存在没有可以被表现、被语句化的身份,或者说:"存在不是存在,而是存有。"(第200页)

第三,虚无"伴随"着每个语句的发生,那里是"如何连接?"的问题所出现的深渊,这一深渊被一种话语类型(其中连接方式的偶然性在事后被表现为必然性)覆盖、填满,但从未被废弃。

一个语句的"存有"并不在场,其在场是通过这一不可语句化的语句实现的。对哲学的论战式捍卫试图保留发生,保留"发生了吗?"(Arrive-t-il?),并因此保留非存在的三重性对"存有"的包围,以对抗对类型的单一要求。哲学家对发生所指向的非存在的脆弱性保持警惕。哲学家是非存在的武装保卫者。

谁是哲学家的敌人?在哲学(但这是哲学内部的非哲学)中,思辨的类型(黑格尔)在结果中试图消解存在的非存在，明确"存有"，表现出表现，展示并因此否认发生。在政治中，叙事体裁的完整倾向叙述了起源和目的地，它使得"发生似乎能随着其异识而结束，似乎存有决定性的话"（第218页）。

叙事政治的顶峰是纳粹主义（雅利安神话）。这种政治希望发生本身死亡，这就是为什么它希望犹太人死亡，犹太语正是"发生了吗？"的典型征兆。

作为一个洞察入微的斗士，利奥塔使思辨体裁和叙事政治两相对垒，他表明了这两个主要的敌人是相互抵消的。事实上，奥斯维辛是何种可能的结果的征兆？在奥威维辛，**绝对精神**(Esprit absolu)的奥德赛能够"恢复"什么？纳粹主义的沉默来自这样一个事实，即它如丧家之犬一般被打败，但并未被驳斥，在未来也不会，因此它将不会被恢复，也永远不会促成任何结果。关于纳粹大屠杀，施以连接的是一种情感,而不是一个语句或一个概念。任何思辨的语句都是缺失的。只有情感表明了语句没有发生,因此一个错误已经犯下,也许是绝对的错误。情感——非语句化的语句在其中显露——是正义的守望者,不是在简单的损害层面,而是在错误的本质层面。

错误是什么?我们将其与损害区分开来,后者在一种普遍的民族语中为自身辩护,它决定了争端,双方都有权在语句之间做出决定。错误指向异识,正如损害指向争端:没有公认的仲裁权,类型彻底的异质性,其中之一对霸权的意愿。错误在这种话语体裁中是无法被语句化的,而它本应在其中被识别。犹太人的声音无法被党卫军听闻。工人无处证明自己的劳动力不是商品。

一种话语体裁的霸权意志必然要求知晓一切发生的存在。这一意志假定存在-虚无的在。然而恰好(非存在对存在的包围),"你永远不知道什么是本有（Ereignis）。语句是在何种民族语中？在何种体制下？错误始终在于对它的预想，也就是说，对它的禁止。"

错误产生于对沉默的归约，并表现为一种情感：语句应该发生。本体论要求哲学家从情感的角度见证，接受对"存有"之存在的非知（non-savoir）。

资本主义、马克思主义、审议政治

马克思主义难道不是这样一种话语，它的类型——它的成功——是要使错误发声？它难道不是**资本**牺牲者的异质言语？利奥塔在今日如何看待马克思主义？

乍看之下，马克思主义似乎只是思辨"哲学"（如利奥塔所说，"结果逻辑的囚徒"，第227页）和叙事政治（无产阶级的"纯洁性"，最终和解的空想)的凶险勾结。历史充分说明了某种马克思主义确实致力于禁止发生,并依赖于对结构的热爱和对事件的仇恨。

然而事情要更为复杂。利奥塔不愿加入庸俗反马克思主义者的乌合之众。他认为"作为异识的情感,马克思主义还尚未终结"(第246页)。利奥塔如何记录这种非终结(话语性在那里应让位于情感)?

首先是资本分析,被利奥塔归入所谓的"经济类型霸权",他对此进行了细致且令人信服的描述。他有理由反对关于生产者和劳动的一切形而上学,认为经济类型的实质是取消交换的预期形象中的时间:"让与(cession)的经济学语句并不期望清偿(反让与)的语句,而是将其预设。"(第249页)经济类型(资本)组织了对"存有"、对异质局部的漠不关心,因为发生的一切在未来无益的平衡项(solde comptable)中都有其缘由。经济类型"排除了情感共同体的发生、事件、奇观和期望"（第255页）。

尤其在经济类型的统治之下，除地点以外的一切都没有发生。

是否至少应该认识到，对奇观的这一禁止——其优点是拒绝了原始的叙述——承诺了一种"多元主义"政治并保护了我们的自由？我们知道，这是现今的共同论点，如果我们坚持事实，这甚至是普遍论点：市场法则和交换价值的专制固然不值得赞许，但与之密不可分的议会政治才是最为糟糕的。

利奥塔没有明确提及多元论、议会或公民自由。民主不是他的核心价值观。他的路径是在政治审议形式的独特概念之下汇集现代政治的决断，这一形式源于希腊，其特殊之处是保留政治中心的空白，使权力语句去实体化。因此，可以说"审议是对类型的一种安排，这足以使其中出现发生和异识"（第217页）。

只不过，这是资本的表现：政治的审议形式

不仅与资本主义不统一,而且是资本主义的障碍。让我们引用整个段落,以献给这样一群人,他们试图想象一个在西方的经济政治秩序之下处于重整状态(出于民主的原因,情况始终如此)的利奥塔。

> 因此,资本的经济类型绝不要求审议的政治安排,这种安排承认了话语类型的异质性。恰恰相反:需要将其废除。资本的经济类型仅在社会联系(尚且)没有完全与单一的经济语句(让与和反让与)同化的情况下承受这种审议。倘若真是如此,政治体制将是多余的,就像民族的叙事与传统已成为的那样。然而,由于缺乏可在原则上表达多种类型及其各自目的的审议安排,人类的**理念**如何得以维系?这并不是对"它的"目的的掌握(形而上学的错觉),而是对各种已知和未知话语体裁所牵涉的异质目的的感知,

并能够尽可能地追求它们。况且,如果没有这种理念,人类的普遍历史将如何成为可能?(第256页)

因此,以异识——马克思主义包含了这一情感——为名义,需拯救投身至多的道路上的人类理念,这依然并始终是反资本的。

对于利奥塔而言,审议政治仍然是一个备受争议的理想。它不受经济体裁固有的"自由"的支持,相反受到致命威胁。哲学依然是战斗性的。希望是有依据的,因为异识无休止地重生,因为"'发生了吗?'不为任何争取时间的意志所战胜"(第260页)。

七个重点

1. 在利奥塔的书中,呈现异识主题的隐喻具有法律性质：诉讼、损害、错误、受害人、法庭……这一机制中包含的预设（康德主义的？）是什么？一旦成为批判，哲学是否就被迫靠近法律以表述自己？

我认为存在两种哲学程序、两种忠于指示的方式，后者要求在不加以认识的情况下探寻其规则。一种是以法律为范式的程序，另一种则以数学为范式。当然，我搁置了思辨的类型。

利奥塔是否陷入了巨大的法律迂回之中？**人权** (Droits de l'Homme)？尽管他认为"人权"一词并不恰当，并坚持用"无限的权威"(autorité de l'infini) 予以取代（第 54 页）。

我们无法更好地表达。但是，在数学范式之外，"无限"是一个不固定的能指。至于法律，它完全由对无限的仇恨所决定。

2. 我还要说的是：法律隐喻的重要性延伸到了利奥塔对认识（认识类型的语句）的定义。于他而言，一切都发生在所指对象的问题上，就像法官，尤其是英国法官，试图以一种规范的方式确定当事各方的陈述可被分配给何种事实。借助所指的（"真实"）标准，利奥塔将认知类型与纯逻辑类型区分开来："认知问题是要知道我们正在处理的符号连接（该表述是真理条件所适用的情况之一）是否使真实的所指对象有可能与该表达相对应。"（第83页）

我认为仅数学语句——但在我看来是所有真正关乎真理的语句——便篡改了这一对认知的定义。数学思想的"存有"不受任何建立真实所指的程序的支配。但是，我们没有回到逻辑形式纯粹的"可能的真理"。利奥塔的认识论依然是批判（法律的）。它不具有其本体论的彻底性。它没有根据正确的范式进行定位。

3. 这本书在数学范式上犯了一个错误，即将其简化为逻辑类型。此处是对弗雷格（Frege）、罗素和维特根斯坦的承袭。在我看来，数学流派必然不能被归结为逻辑，就逻辑的意义而言，

"如果一个命题是必要的,它便没有意义"(第84页)。这就是维特根斯坦所谓的反复的轻(légèretés)。显然,数学命题是有意义的,而且是必要的。仅在这里看到规律和自由的文字游戏的尝试失败了,这向来就只是一种不坚定的挑衅。

逻辑类型的假定霸权对数学造成了损害,我试图将这一感情语句化。我只想说,于我而言,数学接近于阿尔贝·洛特曼*的论断,数学在其历史中是存在本身的科学,即非在的存在的科学、不可被表现的表现的科学。我将会证明这一点。

4. 据此推断,作为发生之一——或是其适当的名谓——的语句并未在该书中得到完整的论证。对思辨类型的批判只集中于结果的主题,缺乏辩证话语的本质,即二之于一的非算术优先

---

* 参见 A. Lautman, *Essai sur l'unité des mathématiques*, Paris, 10/18, 1977.

性，作为发生形式本身的分裂逻辑。我们将以数学范式将其建立，因为它的必要性是命名并建构纯粹的存在，作为虚无和名称的存在性断裂——例如："空（虚无）集合（名称）存在"。

又或者是：在真正的认识中，不存有案件，而存有一个复本。这是对案件有诉求的法律所禁止意识到的内容。

5. 发生可能是二，这使我们能够以与利奥塔不同的方式（即否定的方式）来回答提出的问题："是否存有或强势或弱势的语句或类型？"（第227页）从政治或哲学（不是确切的类型）的角度来看，可以在其二之中把握的发生可根据其力量得到限定，这一力量与它在力图将其计数为一的霸权体裁中所破坏的内容成比例。对于政治和哲学而言，正因为它们的使命是对发生的守护，对"发生了吗？"出现的警惕，因而不存在相等的发生。这是与《异识》一书的严重分歧。我认为在事件被语句化的类型中，事件所破坏的内容（因此必须是"二"，计入和排出）衡量了分裂的力量，衡量了发生的独特性。"破坏的内容"意味着：类型将二计数为一的能力，以及预估类性分裂之余额的能力的紊乱。

6. 因此，利奥塔对主体（黑格尔式）和 *Selbst* 即自我的宣战——其分裂在现代历史中得到了传授——是不完整的。它只触及了思辨主体、结果的目的（telos）、综合的内在性。然而，如今的"主体"意味着完全不同的东西。简言之：主体，或者说主体过程，是使二与发生分离的原因，它立足于事件的间隔。主体从事件"记数为一"的一切功能紊乱中被推导出。这样的主体并不召唤任何的整体，也不需要（作为存在的）言语活动（langage）而存在。利奥塔正确地排除了言语活动的存在。拉康也将其排除在外，因为对他而言，存在的不是言语活动，而是语言（langue），是非全部（pas-toute）。在我看来，历史也不存在，只存在历史性，其中事件的重复是消失的主体的征兆。

7. 因此，自 19 世纪以来，我们可以将无产阶级命名为一系列被政治认定为与资本相异的独特事件。有人反对称没有理由保留"无产阶级"这个名字。在我看来，也没有理由它不发生。真相是这样的："无产阶级"被错误地作为法律和历史的名称、作为历史中的责任主体而运作。然而，无产阶级是一个数学和政治的概念，始终如此，因为它涉及可执行的程序。这里的主体是间隔和剩余的主体，在不存在的历史中，以及退化的群岛式分散中。如果这个名称令你感到不便，请采用政治能力、共产主义、异质性或非支配的名称，任何你想要的名称：此时此地，在一种非通用的话语中，始终应将那通过情感被赋予我们的忠于一系列事件的指令策略化。政治始终等同于发现忠诚是重复的对立面。

在我看来，我与《异识》一书的分歧在于，

哲学家让-弗朗索瓦·利奥塔是否在多的沙漠中过分张望,但必须承认:"一只大鸟的阴影掠过他的面庞。"*

---

* 该处援引并改写了圣-琼·佩斯(Saint John-Perse)的长诗《阿纳巴斯》(*Anabase*)中的诗句,圣-琼·佩斯的原文为:"一只大鸟的阴影掠过我的面庞。"——译注

弗朗索瓦丝·普鲁斯特：
历史之音*

---

* 关于 Françoise Proust, *Kant, le ton de l'histoire*, Paris, Payot, 1991.

90年代初,我在《现代》(Les Temps Modernes)杂志开辟了一个常设专栏,目的是刊载那些在我看来最具创新性、最为重要的当代哲学作品。这仅仅持续了三到四篇文章的时间。其中关于弗朗索瓦丝·普鲁斯特的文章令我记忆犹新。她关于抵抗的思想受其自身经历滋养,尤其是她最终所不敌的疾病,但她以一种完全独创的抽象节奏将其铭刻,该种节奏来源于对康德的不断思考,这在我看来是特别的。她和我都认为,相较于结构的连续性,历史的关键更在于非连续性的事件跃动。她的离开使我们所有人失去了一种全面发展的新思想。

这本书或许首先表现了一种声音的独特性。沿着康德的轨迹，弗朗索瓦丝·普鲁斯特致力于还原历史的声音与语调，她在写作中赋予自己某种隐喻的生动性，并兼有一种持续的严肃性。

在评论崇高——如麻木之物突然出现在敏感的心灵中——时弗朗索瓦丝·普鲁斯特描述了"大自然在静止的位移中进入某种运动[……]通过这种运动，既定之物被某种不确定的事物侵犯、扬起、夺走，这种运动本身并不在场，但仍是一种有效的力量、不可抗拒的能量、自由"。我们希望弗朗索瓦丝·普鲁斯特的文字能将公道还予崇高：在这本书中有某种烈性之物，其位移可被感知。

但是，静止和严酷的悖论也使麻木之物陷入了某种可能的困境。因为烈性之物被尖锐的形式和危险的论点切断,后者在分析的动荡严格性中维持平衡,犹如在思想的浪尖。

例如,可以考虑这一对历史强有力的定义:"历史是对自由的崇高经验的收集或回忆。"

几乎一切都在这里被给定:历史不是,也不能是结构和法律的长期滞重。自由不是一种能力、一种才干、一种寄寓于存在中的虚无,而是一种经验的独特性。

所谓的"历史"存在于事件的形象中,而非理性整体的形象中。历史在强制的非连续性中构成。它释放了主体的随机唯一性。这是事件的隆起、不连续的冲击和自由主体(作为独特的降临)的结合,弗朗索瓦丝·普鲁斯特致力于确定如何以及在何种条件下我们可能被困其中,也就是说,始终是过度陷入(sur-pris)。

首先,是什么开始了,"它"是如何开始的,那历史中(或通过历史)的自由存在?弗朗索瓦丝·普鲁斯特写道:"开始是一种声明:'我开始!'它没有说明其运作的客体或方式。决定不能先于行动。我敢,走出去(从围场,从系列中),中断(与自然的进展),开始。"这一从开始到声明的指定是一种强大的政治力量。我赞同弗朗索瓦丝·普鲁斯特做出声明,大胆宣告那里的决定和行动是不可分的,这是一切历史断裂的原则。如此构想的"历史"政治没有任何操作程式,它对客体及其认识定律是不可递的。甚至,它要求对客体,对客观性的罢黜。这种信念的力量在于,将政治决定从一切主观和客观的辩证法中剥离。不,这并不是要激发对存有之物的意识,通过反思或操作将必要性转化为自由。不存在从自在到自为的通道。在基于事件的命令之下,开始是一个纯粹的声明。在这一点上,弗朗索瓦丝·普鲁斯特——我谈虎色变!——与毛泽东是一致的,后者认为政治的主体准则与"力量关系"的重要性及其谨慎的内在化无关,而是——用他自己的话——"敢于斗争"。

可以肯定的是，整个这种历史观都依赖于事件概念，在从康德处借来的词汇中，事件与崇高相关。崇高是什么，弗朗索瓦丝·普鲁斯特的箴言十分明确："崇高是在事物之中将事物去物质化的某种东西。"又或者说："崇高是出现中的不出现，可见物中的不可见点。"

我们的确应同意一点，即如果事件不是纯粹的"事实"，如果它不是客观化立法的俘虏，则该事件应在对显现（apparaître）法则的违背之下显现。事件即显现，尽管显现并不欢迎这种显象（apparition）。因此，有理由断定事件的可见性与不可见性是不可区分的，因其不适用于可见性法则。

但我们注意到，弗朗索瓦丝·普鲁斯特坚持强调非显现存在于显现之中，非物（non-chose）内在于事物，不可见物是可见物的一个点，这使事件很有可能向我们揭示出显现、事物或可见物的本质或实在。又或者说事件是对客体连接的背叛，其非显现的存在因而对于我们可见。这便是为何我更偏好将事件作为一种补充来谈论。诚然，应保持对一切被连接的客观形象的解除和罢黜，但并不是要对被连接的可见性，对有规律的显现的反面进行考验；更不是对其存在的考验，就好比非显现是显现的"心脏"；而仅以纯粹偶然的方式赋予自己不可见物之外的事物，以及可见物与不可见物之间的不可分辨性，这涉及"客观"情境或客观性定律，如同不可估量的剩余，后者同时是分隔、多余且正在消失的。

但必须认同的是，弗朗索瓦丝·普鲁斯特用以结束其著作的那些形象正处在这个方向上。让我们援引这一段优美的文字：

> 历史不是太阳的（白昼），而是星辰的（夜晚）。事件在布满星辰的历史天空闪耀。纯净的光芒已永久逝去，永久消失，它们只在历史从其教条式的沉睡中醒来时才得

以重生。然而，它们仍闪烁着，释放些许讯息，以证明开始和黎明始终可能，而历史正将其注视。

在这些文字中，有四个我深刻认同的主题。

(1) 星群令我想到马拉美，对纯粹"闪现"和事件之不确定性的重要思考者。马拉美同样如此，除了那个阴沉的假说（假定除了地点以外，一切都不会发生，该地点被铭刻在"一个空缺的上层表面"），这是为经验上的时间所保留的例外（弗朗索瓦丝·普鲁斯特将这种例外称为历史），一种**星丛**，"因遗忘和废弃而冰冷"。的确，断续而繁多的事件星群就如同静止的储备，从中可以命名重新开始的一切。

(2) "已永久消失"准确地指出事件没有可测定的内在期限。它补充显现的原因在于它始终是一种消失。

(3) 然而，这种消失并不意味着永久损失。

星辰在其储备中勾勒出可能的历史的注视轨迹。在其"业已发生"中,星辰是新的觉醒所需求和感知的部分,从而激励其新的开始。

(4) 因此,从一个事件到另一个事件,甚至从所有事件到一个事件,都编织出独特的觉醒,这是对所有在极端的消失中拥有其存在的事物的纵容。这就是我自己所谓的"事件复现"。

在事件的消失中,弗朗索瓦丝·普鲁斯特的观点是完全肯定的:"每个事件都以其当前的力量提出了一个世界的理念,也就是说,表现了世界发生的时间与空间,多种独特性或自由最大限度共存的海市蜃楼。"

事实上,这一点极为复杂。我们知道,事件不是单纯的被遗忘的断裂,亦非自身的关闭,它释放了另一种情境。这确实涉及另一种情境,抑或只是"海市蜃楼",一个简单的**理念**?这便是问题的全部。弗朗索瓦丝·普鲁斯特承认,这是以"最大值"为方式的自由的增加。这就是在事件中存在绝对肯定力量的原因。然而，对于弗朗索瓦丝·普鲁斯特而言，以此被表现之物只存在于事件发生的时间中。同时，由于这种时间是"已永久消失"的时间，所以必须说，事件的肯定既是全面的，也是瞬时的："没有永恒或历史的完成，只有永恒的瞬间，历史的瞬间。"

难道我们不能说，作为**理想**的上升，事件仅是承诺的闪光？我要反对的一点是，事件在其消失之际遗留下编织真理的必要性。

弗朗索瓦丝·普鲁斯特宣称："公开的自由经验并不构成历史解放进程中的一个时刻，它本身即有效的。"这一点是肯定的，且与利奥塔对"结果"哲学的批判一致。但是，在事件的极端剩余条件下，"公开的自由经验"究竟是什么？弗朗索瓦丝·普鲁斯特似乎将其简化为事件本身，简化为绽出的或永恒的瞬间。而我宁可认为事件本身——恰恰因为它的整个存在都处于消失之中——并不构成任何经验的利害关系。经验涉及后事件轨迹的情境工作（travail-en-situation），名义上的轨迹工作，在那里，消失的隆起被其名称永久地掩盖，并得以永存。这就是我所说的真理的独特性，它是危险的劳动，是"将要发生"之事不可能的生成，如果我们假设情境完全受消失的事件影响的话。或者说，如果我们正在经历这种情境，正如事件遗赠的理念在此成为补充，须尽可能地与弗朗索瓦丝·普鲁斯特的康德式词汇保持紧密联系。在我看来，仅此一项将经验构造。

或许我们向这部尤为杰出的著作所提出的问题正源于此处。

弗朗索瓦丝·普鲁斯特对当前的观点几乎毫不认同。因此，我们惊讶地看到她如此轻松地分享这样一种观点，即 20 世纪的历史是"灾难性的"。这与我的观点——这段历史是辉煌的——相去甚远！但我要表示的是，与其他任何世纪一样，我们的世纪散布着令人震惊的国家恐惧，以及强大的事件隆起，由此引发了激烈而持久的自由经验。崇高在这里屡见不鲜：十月革命、中国人民的斗争、抵抗运动，1980年格但斯克工潮，1967—1972年的世界各地……如果历史是事件性的，那么就应从这一点出发来"评判"一个世纪，而不是仅依靠对同一形式的恐怖的描述。

但也许困难在于，将历史缩减为某些永恒的瞬间后，弗朗索瓦丝·普鲁斯特发现很难对政治加以限定。什么是政治事件？弗朗索瓦丝·普鲁斯特会说："共和国，即公众，是政治经验须面对的唯一问题。"

我明确意识到，应该寻找另一种思想取向，与将政治划归为社会分析（国家与社会的耦合）或共同体的形而上学的思想取向不同。政治既不是社会力量的组成部分，也不是有机整体中**自我**的庇护所。为了指定政治的集体（公共）维度，弗朗索瓦丝·普鲁斯特提出了联盟（*alliance*）这一术语。联盟是局部的扩散，是非实体的碎片

"共同体",基于对某种协议的认可。政治是"编织碎片或协议的群岛"。

弗朗索瓦丝·普鲁斯特希望用协议取代从属,希望用局部或零碎的事物取代总体,这在我看来是十分明智的。但对于仅解决政治问题这还不够。

我相信,要以哲学的方式指定政治,不将政治与庞大的社会历史联系,而仅与事件的不稳定联系,这需要考虑以下几点。

——描绘解除国家形式的联盟(借用弗朗索瓦丝·普鲁斯特的词)。后事件政治(politique post-événementielle)是一种碎片化的自由经验,它不再由国家规定,也不受其权力管辖。事件是且永远是如此:与国家保持距离,采取措施以同时假定其确切的权力以及对其废除的**理念**。

——宣告协议的独特性,以规定的形式将其与事件联系。也可以这样说:任何协议都是战斗性的。

——揭示集体情境的无限性。

最后这一点很关键,或许引发了我与弗朗索瓦丝·普鲁斯特关于无限的讨论。

弗朗索瓦丝·普鲁斯特明确否定康德式的崇高在事件中预示着无限的来临这一观点——在我看来,她事实上比许多阐释者更为严格。不,崇高不是无限的情感,也不是有限性时间的无限撕裂。弗朗索瓦丝·普鲁斯特充满激情地写道:"崇高不是无限。"又或者:"崇高不是无限的时间或无限者的时间。相反,它是有限的时间,是始终已完成的时间。"我们注意到,"有限"在其可能的两种含义之间起作用:时间的有限中断,或是已在其尽头被掌控的时间。

但在我看来,这个问题更为复杂。总而言之,我认为对事件的完整思考与有限性哲学是不相容的。

当然,我赞同弗朗索瓦丝·普鲁斯特的观点,即事件绝不是某种超感觉的无限性"世俗的"到来。必须与这种崇高的观念做斗争,因这一观念在暗中使事件基督教化。并非所有事件的范式都是有限性显现中无限的基督式降临。事件甚至不是这样一种降临的有限象征。事件被认为是任意一种情境的危险补充——用弗朗索瓦丝·普鲁斯特的话来说则是沉默的中断——它是一种简单的有限多重性。弗朗索瓦丝·普鲁斯特非常正确地指出,这个有限的"多"的消失维度使其成为有限者的象征,成为对有限性终结的证明,这就是其"已永久完成"的含义。

但是,为了在这条道路上走到尽头,必须注意到无限仅是在者的特性,即非事件的显著平庸性,它确实无需任何事件来使自身得到即刻的验证。或者,用我的话说,任何情境都是无限的。仅此一项便完成了无限的世俗化。因此,事件的补充是相对于普通的无限性而"局部地"(或根据有限的命题)运行的。非凡是有限的,而寻常是无限的。

此外，事件被记录（或被命名）的消失，即将其取消的内在烙印，都要求一种无限忠诚的危险生成，仅仅是因为这种生成——我称之为真理的过程——不能有内部的限制：它在一种无限的情境下"工作"，同其他情境一样。诚然，忠于事件的无限性区别于情境的无限性，因为后者的多重性是可预测、被分类、被控制的；而在其不可穷尽的无限性中"本应如此"的前者，那被我称为"真理"的东西，则是不可预测、不可受限的，且已从情境的国家建构中撤离。这便是为何我将其称为类性无限性。

然而，归根结底，事件有限性的整体思想假定了我们将其置于两种无限之间。况且，它"已永久消失"，只是对这种"之间"或这一危险地带的空无的解除传唤：作为即将到来（à-venir）的真理的危险地带。因为这种有限性只能在情境的普通无限性与真理的类性无限性之间得到追思。

我们想要知道的是，什么是有限，什么是这种类性无限性自身的消失？我的意思是：在真理的无限劳作中，是什么表明了发起真理的事物——事件的有限性——是消失的多重性？作为类性真理组成部分的消失的有限性，我称之为主体。因此，任何主体都假定了一个事件。而我认为——这是赋予康德和先验逻辑的代价——对于弗朗索瓦丝·普鲁斯特而言，任何事件都假定了一个主体。

这个问题无疑是复杂的。首先必须认可弗朗索瓦丝·普鲁斯特的重要贡献，即试图"阅读"关于事件的思考的可能性，不仅在《判断力批判》和对崇高的分析中（这在近年来已成为老生常谈），更为根本的，是在《纯粹理性批判》中。这是她所采取的诸多方式中的一种，进而正确地反对康德政治的"软弱"诠释，反对任何试图使之适应于周遭的民主主义的内容。通过这一做法，她在对充满冲突——当下的"政治哲学"

越来越被概括为这种冲突——的诸多阐释中铤而走险,在这条道路上,利奥塔走在她的前面(并非不带犹豫),这与源自汉娜·阿伦特的一切内容相矛盾。如果必须经由康德——我完全不认同这一点——那么应坚持认为,如今唯一的道路就是在康德的文本中找到某种与阿伦特的政治审判概念和"在一起"的政治概念相矛盾的内容,其重点可能在于合理的意见冲突。弗朗索瓦丝·普鲁斯特用不可估量的独特性政治来反对这种旁观者"政治",并驳斥了观点的冲突性和平这一乏味主题。可以肯定的是,为做到这一点,她"回到"了困难的根源:事件、中断、世界中那消逝的光明的起源,这起源有时会唤起我们的自由。

弗朗索瓦丝·普鲁斯特对《纯粹理性批判》的要求是普遍地建立事件的"感受性"(réceptivité)。她强调在认识活动以内,存在"一种受影响的力量"。存在一种原始或超验的被动性,即"始基"*,这关乎认识活动,因其在判断结构中被给定。存在超验的美学及其形式(空间与时间)、超验的分析及其范畴(因果关系等),但更根本的是,存在一种超验的悲怆。正如弗朗索瓦丝·普鲁斯特所说:"处在第一位的,是施加影响的力量。"

弗朗索瓦丝·普鲁斯特调动了超验主体这种首要的感受性,以思考事件的"冲击",并确保其灵活性:"自由的事件不是你的自由意志的产物,不是你的意愿的效应;它是到来、发生并影响我们的事情,是开始和许诺的事情。"

那么我们会问:这个后于事件之冲击的"我们"是谁?许诺是为了谁?这个以某种方式确保事件普遍地"影响"主体的被动效能——这同样也是一切先验领域的功能,无论是被动的还是主动的——又是什么?

---

* 始基 (archè),又译为"本原",是古希腊哲学中的概念,意指世界万物的来源与存在的根据。——译注

然而很明显，事件在经验上不会普遍地影响其假定的"主体"。在情境中，对消失主体名义上的回想只能以冒险的赌注为代价，而正是基于这样的赌注，某种主体效应才可能被觉察。至于普遍性，它并不指向被动性的某种先验结构，而应追溯至某个过程，一个普遍真理的过程，该过程将在有实在的事件作为补充的情境中得到验证。唯一必须假定的是，某种真理可以被识别或被如此呈现，而这种假定回到了哲学所赖以存在的公理中：存有思考。

相反地，假定存在一种对事件之认识的先验"保证"，这在我看来严重地削弱了事件的构成特征：它的不确定性，或在情境中对所有感受性规则的摆脱。事件之所以令人惊讶，恰恰是因为没有任何被动结构可将其容纳。没有任何主体、任何"我们"，先于其消亡的效应而存在。

因此，在充满讶异、脆弱性和不确定性的道路上，必须比弗朗索瓦丝·普鲁斯特走得更远。

位处事件下游的主体不会经由首次冲击和初始的阶段而与事件"捆绑"(我想到这样一句话:"这种联盟将主体与将其启动、标记、挖掘并同时提升的事物联系起来。")。这仅仅是因为主体并不存在,甚至不存有先于事件补充的纯粹被动性。唯有在补充的条件下,主体的独特性才能于情境中发生。

然而,我们也应在相反的方向上比弗朗索瓦丝·普鲁斯特走得更远:不,事件不会化约为一种中断,先前的事件如星辰一般将其照耀。相反,它是从类性真理的非国家坚实性角度得以证实的。该种真理可被同时认定为一切有限主体的无限物质,以及思想存在所关乎的东西。

因此,我们可以说弗朗索瓦丝·普鲁斯特给予得过多也过少——这或许是她自身的感触,因而也是她动力的源泉。

她给予得过多,因为她假定了事件在一个被动主体中的先验"准备"。这是一种廉价的普遍性。

她给予得过少，因为她将事件化约至其有限的隆起。这并不是为事件不可预知的意外与真理可识别的构成间有机联系的思考开辟道路。

我们还可以说：弗朗索瓦丝·普鲁斯特清楚地看到事件"终结"了一种时间。她没有完全看清事件是如何建立起另一种时间，以及事件的消失是如何在情境之中掘出情境的普通无限性与真理的类性无限性之间的内在鸿沟。

然而一如既往，我是不公允的。因为弗朗索瓦丝·普鲁斯特已经表示，就其矛盾的时间性而言，事件是"未至与已至之间的豁口"。只需补充一点，事件也是真理过程的开始，该过程源于事件，如同"已至（事件的有限性）与未至（类性的无限性）之间的豁口"。

让-吕克·南希:
保留的供奉

2002年1月,国际哲学学院组织向让-吕克·南希(Jean-Luc Nancy)致敬,我毫不犹豫地参与其中。于我而言,这是一个公开就这位哲学家(也是我的朋友)表达看法的机会。当然,后面的文字中会时而闪现某种信念,以证明那使我们分离的部分仍十分重要。在我的发言过后,他找到我,一如既往地带着笑容与友好,但也不乏困惑:我是否以某种方式将他阉割(这是他的用词)?近来,我们进行了半公开、半私密的激烈争论:首先是关于法英两国对利比亚的干预

(他支持其原则,而我对此表示强烈谴责);其次,更为普遍但尚不完全明确的,是关于世界的状态以及我们的作为。在背景中,或许存在着一种本体论的中断。

让-吕克·南希在我们之中的独特地位——"我们"是指尖刻而粗野的哲学家同行——可以归结为:无人能够合理地对他进行负面言说或是思考。一言以蔽之,在这一对同行的敌对式冷漠已成为规律的环境中,让-吕克·南希是双重例外。首先,因为他对待任何人都沉着且极为平和。其次,因为他被所有人爱戴。

我有时会想,具备独创性的唯一可能——灰暗的正义之路,同时也是最薄情、最艰巨的任务——难道不是要对这个无可争议的人提出异议,以缔造他所谓的恶意(malfaisance)形式?事实上,让-吕克·南希所命名的恶意与古典派偶然的**恶**不同,在我们的时代,各处都充斥着后一种本质的**恶**。这是存在的"针对自我的释放",或"对作为本质的存在的理解",因此也作为"对存在的摧毁"(《一种有限之思》[*Une pensée finie*]*,后文简称 *PF*,第33页)。疯狂的人们不仅破坏了既定的意义,甚至更为严重的,是"阻断了一切对意义的获得"。对于让-吕克·南希,我是否有能力不苛责或批评——这毋庸置疑,且他本人也时常如此——而是表达恶意?关于意愿(vouloir),所谓的意愿,是否不应讨论它或反驳其精神性,而是将其废除?是否要使其光环暗淡,使其美好的灵魂丑陋,使其一切正义手段所代表的知识文明变得野蛮?

然而,我完全没有成功;在这个方向上,我彻底失败了。对让-吕克·南希表达恶意,这是不应被考虑的。我甚至无法对他使用过度激烈的语词——他用这些语词来谴责时间的方式。然

---

* J.-L. Nancy, *Une pensée finie*, Paris, Galilée, 1990.

而，我读到了这样的内容：

> 如果有思想，那是因为有意义，并且每一次都是根据意义而进行主动和被动的思考。也存在着智力，或者更糟的是，存在智性：它们能够沉浸于自身操练中，似乎这首先且唯独与意义无关。这种怯懦或懒惰始终很普遍。(*PF*，第11页)

"懒惰"和"怯懦"，这不是微不足道的，亦不是温和的。如果我知道让-吕克·南希没有将我考虑，我便可以考虑自己和其余一些人。因为与其余人一同，我能够明确认定问题不在于意义；与其余人一同，我颂扬真（vrai）的荒诞之维。通过将一种本质性的本体论价值赋予数学文字的盲目，我可以告诉自己，从事智性操练的人是我。

如果我继续往下读，情况将更加糟糕：

然而，本世纪末*似乎以这种方式存在着一种固有的怯懦和智性的轻率：似乎这一世纪末——仅由于其象征性价值（也由于其他一些情况，包括政治、技术、美学）——并未以某种严苛的方式将我们引向问题、可能性，以及对意义的考虑。这个即将结束的世纪是否不会是意义的覆灭、偏离、遗弃、饥馑——简言之，意义终结的世纪？（*PF*，第12页）

又是怯懦，还有轻率。我并不赞同让-吕克·南希，即便我认为他关于上个世纪和当下的观点（表面上，且仅限于这本书中）是共见性的（在这一表达的次哲学[infra-philosophique]意义上）。我不认为本世纪将是意义覆灭或遗弃的世

---

* 指20世纪末。——译注

纪。相反，这是意义被强加的世纪，损害了不调和的真理的缺义（ab-sens）。在世纪末，我并未更多地感受到意义的可能性与焦虑。我所感受到的不如说是一种形式主义和晦涩操练的严苛性，这在我看来属于贵族阶级。我不认为这一指令是终结、完成和有限性的指令。缺失的应是无限。我强烈建议在千禧年之际弃置"终结""完成"和"有限性"这些词语的一切用法。既然让-吕克·南希谈到了怯懦、懒惰和轻率，既然我能够在他以这种方式指定的地方辨认出自己——尽管我知道他从未想过将我置于那里——就让我们在这一刻也略微粗暴一些。可以这样说：应迫切予以断绝和终结的，是有限性。在有限性的动机中，集中了对解放的否决、纯粹当下的致命统治、人民的自我缺失和对真理的根除。当然，这是为意义服务，至少是作为感觉的侵入，一种与麻醉相同的极端感受。

但我立即发现，我论战式的话语并不能触及

让-吕克·南希。在任何意义上,我们都不可能论证他参与了否认并屈服于当代愚蠢的民主。关于"民主"——大量新闻媒体在其中看到了我们的自由不可逾越的视域——南希反复表示这绝非当下的意义问题,甚至民主对意义问题采取了刻意的忽略和回避。更重要的是,相较于其余很多人以及我自己,让-吕克·南希在某种特殊意义上是最后一位共产主义者。正是在1991年(而非1960或1970年),他写道:"共产主义是一种仍将整个到来的思想的古老名谓。"* 我诚挚地向这一表述致敬。但我要最后一次尝试表达恶意。"一种将整个到来的思想!"后海德格尔式的对"将到来"无休止的宣告,这种不断地表明我们还无法思考那些亟待思考的事物的世俗预言,这必须给予回应的存在者的悲哀,这缺席的上帝,这面临深渊的期待,这望向远方迷雾中隐

---

* J.-L. Nancy, *La Comparution*, avec Jean-Christophe Bailly, Paris, Christian Bourgois, 1991, p. 62.

约的来临的身姿,所有这些是多么令人不悦啊!我多么想说:"听着,如果这种思想完全是即将到来的,那么请至少在有一个想法到来之时,回过头来看看我们!"

然而,我无法接受这种亵渎将我说服。将阅读的幸福感带得更远些吧:"共产主义意味着我们之中、之间的每一个人都是共同、普遍的。"更进一步,应明确这个词于南希而言的范围:"共产主义是一个本体论命题",因为"所讨论的本体论不是**存在**的本体论,也不是在者的本体论,而是完全与在者无关的存在的本体论"。*

在那里,我们是如此亲密,以至我无法再与我们区分开来。存在完全与在者无关,甚至什么也不是,同其余人以及南希本人一样,我将这一存在的发生命名为事件,我在此提出了真理的一般特征,这恰恰意味着其共同点,意味着其创造

---

* J.-L. Nancy, *La Comparution*, avec Jean-Christophe Bailly, Paris, Christian Bourgois, 1991, p. 65.

的"一般性"。然而,一切事件最终都是"共产主义的",这便是让-吕克·南希的断言,这在我看来是如此正确,以至我甚至失去了恶意的语词。

在这一点上,如何处理关于有限性的二律背反?仅表明这是南希的关键概念还远远不够。我从拉康的话语中挑衅地借用了这一观点(南希对此略有微词):"有限性"是南希哲学话语的主要能指。

"哲学话语"?这意味着什么?这是双重的争议。

首先,对南希而言,话语正是轻率借以渗入思想的东西。更为严重的是,南希表示怯懦和懒惰"一经话语,便会渗入一切努力或思想倾向中"(*PF*,第12页)。当然,他以其惯常的镇定补充道,"始终"存在话语,因为——抛开完全隶属于神秘主义的观点——不存在意义的无声迷醉。但这尚不能为话语辩解。至于哲学,自海德格尔以来我们便已应宣告其终结。这一终结甚至命名了思想的程式。南希不停地谈论"继哲学之后的任务,我们的任务"。我已经撰写过反对哲学之终结的一整部宣言,因此南希在著作中将我逐出了"我们"的行列。更进一步的是,让-吕克·南希写道,对"终结"一词以及"哲学的终结"这一表达提出反对的人,仅是"理智的怯懦"(PF,第12页)。哎!我是否应重新调动那尤为匮乏的恶意资源?在对该论点纯粹而单纯的坚持中已有足够多的恶意:"有限性"是让-吕克·南希哲学话语的主要能指。

因为在这一话语中,有限性在双重意义上是思想的主宰。

首先是因为有限性概括了那些用于命名和错误命名的所有词汇(在贝克特所认为的"看不清道不明"的意义上),即思想本身。

南希尤为独特的风格完全是肯定式的,一切几乎都单调地围绕着由动词"是"(être)所指示的对等物。南希的矩阵式陈述十分简单,即这样一个等式:这个是那个。同样值得注意的是,其写作的精巧之处在于将等式的简单性引入具有说服力的语境中,包括温和的坚持和几乎不可抗拒的祈求。而这种压力和这种祈求同时构成了身份的必要性,"这个仅仅是那个",其特征始终是神秘的,始终是有待重新思考的。例如,可以看看极限(即有限性)是如何成为意义本身,成为完整的意义:

> 的确[……]无论所谓的"有限性"的内容或意义如何(这本书并未涉及其他任何内容,尽管它远远不是关于有限性的专论),至少可以肯定的是,此类"客体"的思想应该拥护其形式或条件,而该思想本身就是一种有限的思想:这一思想并不放弃真理和普遍性,简言之,只能通过同等地触及其自身的极限和独特性而进行思考。如何在

一种思想中，在一个微小轮廓的范围内思考一切（全部意义，我们无法将其化约，它是不可分割的）？如何认定这种范围是全部意义的范围？(*PF*，第13页)

关于《一种有限之思》，你会注意到它只关注有限性。在这里，我们尝试承认"有限性"在能指层面的统治性，承认它强加于文本的一。

上述引用段落包含了等式的复杂构建：有限性＝意义。这是因为有限的思想本身必然是有限的，因而达到了自身的极限。

然而实际上，这个等式会吸收其中介。如果意义等同于有限性是因为思想是有限的，那么事实上，思想也等同于有限性。这将得到反复重申，例如："有限性是意义的责任。"(*PF*，第27页)但正如我们所看到的，意义的责任显然违背了智性的轻率，违背了思想本身。

我们如何从"有限性是意义"的等式过渡到

"有限性是思想"的等式？很简单，通过一个居间的等式，即"有限性是实存"。因为实存就是意义本身。例如："意义是每一次将要出生和死亡的实存。"（*PF*，第 21 页）又或者："实存是生命的意义。"（*PF*，第 23 页）因此，如果有限性是意义，而意义是实存，那么有限性就是实存。

接下来要从"有限性是实存"过渡到"有限性是思想"，显然需要经由"实存是思想"这一等式，这被包含在"实存是存在的意义"的等式中。但一条更为微妙的路径——南希喜好经由明显的不等式来推导出他的等式——将再次提出一个居间等式。自海德格尔以来，人们便已承认真理的本质是自由，而在南希这本复杂的《自由的经验》（*L'Expérience de la liberté*）中，"真理"被归入"思想"之下。因此，思想即实存，不过是作为自由的实存，或者借用南希的一个精彩表述，是"实存重新回到了实存之中"。如果我们确定有限性是如此构想的自由,我们就会得到理想的等式:有限性是思想,而这正是发生的事。南希写道:"'自由'的意义不过是意义的有限性本身。"(*PF*,第 29 页)

你会看到,最终,"有限性"是某一领域在名称上的极性,该领域囊括了意义、生命的意义、意义的责任、实存、自由和思想。"有限性"是主要的能指,因为它吸收了所有积极的词汇。哲学,以及哲学话语,旨在展开这些词,使其中某一个词对这些词的吸收变得可见。因此,从形式上讲,这是对有限性的颂扬。

然而,由此一来,"有限性"便是另一种意义上的主要能指。指令和义务的能指;未必是在命令的外部性意义上,但关乎于南希在探讨康德的书中对绝对命令的思考。一个词所表示的是思想的责任,或者说自由通过一个词所表示的内容毫不迟疑地强迫自己,"作为它自己在这个词的两种意义上的终结"。

这个词的确又是"有限性"。正如南希所写的,"义务表明了生命的有限性"(*PF*,34页)。当代对伦理的呼吁是"保持和增加实有对其自身不可分拨且毫无根据的意义的接触"(同上,第 34 页),这意味着呼吁将思想置于有限性的责任中。

在我看来,义务是将思想召唤至其自身无限性的异识运动中,那么,我应该怎样考虑?这是主要能指之间的争端吗?我们很容易指出,在暂时性的愤怒中,群众有义务使党的"平庸有限"无限化。

我知道让-吕克·南希的想法,他经常告诉我:无论如何,我所谓的无限正处在他命名为"有限性"的思想上。

然而,这是南希的保留的供奉(offrande)。一方面,思想在不可避免的话语模式中为我们提供了一个适合于时间指令的主要能指。然而这个提议,这种供奉,它必须暴露在那里,而不是强

加给我们。此外,这是让-吕克·南希所谓的真正供奉的特性:

> 在表现(présentation)所包含的"礼物"(présent)中,供奉仅保留了表现(présenter)的行为。供奉提供、推进并提前(从词源上看,供奉与客体并无大异),但它并不在场。被提供的事物保持在一个限度内,在迎接和接受的边缘被悬搁——它只能采取供奉的形式。(PF,第185页)

这种不强加的在场意味着供奉所包含的词——例如"有限性"——很可能意味着另一个在表面上完全相反的词,例如无限。既然它已经吸收了存在、意义、实存和自由,那么在语义上还有什么是它所力不能及的?最终的等式如下:"'终结'和'完成'的任何意义都无法让我们思考在历史尽头延展的是什么,它以'有限性'

为名——或者说，以实有的绝对为名。"（*PF*，第51页）我所讨论的等式是"有限性＝绝对"。因此，"完成"确实不允许我们思考"有限性"。那么为什么不是"无限"呢？作为有限实存之绝对的无限？我们十分接近黑格尔，他的确是南希思想中的重要伙伴，南希撰写了多篇关于黑格尔的令人钦佩的文章。毕竟，黑格尔也是在本质的概括和终极的命名中重新吸收语词的大师。他也试图思考实有的绝对。当然，南希表示："有限性并未结束，它不是无限。"但确切地说，"没有结束"难道不是无限，不是那终结了结束的无限之外的另一个无限吗？这样一来，我们便不会因有限性而陷入论争，而是在我与其余一些人所共同认为的，自康托尔以来现代思想的真正挑战的问题上：对无限的多样性，以及其对思想基本取向的影响的辨别。

所以我选择放弃，我不再去设想恶意乃至争论。我转向了另一个让-吕克·南希，对他来说，意义之谜即我们的五种感官之谜，作为感性的意义之谜，即感性之他律思想的审美有限性。

然而在这个方向上，我立即遇到了雅克·德里达那令人生畏的文字，出自这本他献予南希的巨著，他将其作为令人钦慕的友谊的强大庇护所。这本书不仅重新阐述了感性意义的学说，并最终类同于在我们的时代对亚里士多德《论灵魂》的改写。为伫立于此之物绘制拙劣的草图，进行无益的复制，这样的辛劳又有何用？

所以我只好简单地邀请每个人陶醉于让-吕克·南希的写作中，他在《论身体》(*Corpus*) 中关于身体的写作，在《肖像画的凝视》(*Le Regard du portrait*) 中关于绘画的写作，在《在灵魂和身体中占有真理》(« Posséder la vérité dans une âme et un corps ») 中关于诗歌的写作。当然，我们在那里找到了保留的供奉。可以确定的是，任何感性的陈述都会在暗中回应生命意义的供奉，因为这是它的有限性；但也正是因为它的有限性，它将这一供奉保留给一个自身之外的自我，保留给他者于自我中的穿越，保留给一个无限和本质性的差距，在那里，思想开创了一种将实存带回实存的新方式。陈述、撤离、供奉：这实际上便是有限性的展开。让我们看看这一点是如何被表述的：

> 身体是被献予其他身体的形象，这是从身体到身体的一系列形象：颜色、局部阴影、碎片、颗粒、乳晕、月牙、指甲、毛发、肌腱、颅骨、肋骨、骨盆、腹部、腔管、涎沫、眼泪、牙齿、唾沫、裂缝、肿块、舌头、汗水、液体、血管、悲伤和快乐，以及我，以及你。（《共现》，第104页）

献予他者，即供奉。碎片，即陈述。你和我，即保留。

然而，我对1997年出版的一本名为《乳房的诞生》(*La Naissance des seins*) 的小书尤为钟爱。从形式上讲，这里的供奉是一个女人在其乳房的存在中献出或献予自己的东西。她被一种迷人而多情的审慎保留。这本书的结构将这两者呈现。在书中有一种普通意义上的陈列：转载，照片，尤其是灰色底纹中那些非凡的文字和引用，那是创造性的扩散，是持久的"反供奉"，由女性的身体所天然呈现的事物引出。然而，南希一切的努力，以及其自身的保留，都是为了确定在思想中回应供奉的并不属于客体范畴。乳房的诞生被视为一种可被感知的共同喜悦，全然不同于客体的切割，全然不是引发幻想欲望的客体。让-吕克·南希所赞叹的正是这种非客体化的乳房。

然而，这种努力使他抹去了"供奉"这个词本身。正是在这个被抹去的点上，我们或许掌握了思想中女性的力量。因为思考女人所呈现的东西会导致"供奉"这个关键词的撤销，从而在

"保留的供奉"中使保留胜过供奉。

在我看来，这一切都始于对客体和起源的批判。"幻想或客体——或客体的幻想——是乳房的毁损，一种非机敏的幻觉。如何机敏地将其探讨，而不将其吞噬？"[*]

这种机敏是保留的另一个名谓。

有三处引述将从这个问题中引出对供奉的保留式抹除，作为对机敏的证明，对保留于有限性中的优势的证明。应将其阅读。

> 在奥纳西斯（Onassis）游艇的艉楼，老狮子"猥琐地"看着嘉宝（Garbo）。她会好心地给他看自己的乳房吗？胜利者获得了女人的战利品。他将看到任何人都未曾见过的东西。

---

[*] J.-L. Nancy, *La Naissance des seins*, Valence, Erba, 1997, p. 45.

>　　蜷缩着，双臂交叉于年轻的乳房，
>　　每一个都被紧握于手掌。
>
>　　尤为纯洁的，在上帝那里的他们将要
>　　看、闻、尝、触、听……
>　　在上帝面前的将是我们神圣的快乐，
>　　在亚伯拉罕的怀抱里，我们的欲望会开花，
>　　欲望，完美的爱，无瑕的强烈欲望，
>　　因为水果和鲜花只会在那里诞生。*

因此，我们可以谈论爱的身体，谈论作为爱之展示的身体，而乳房只是爱的宣告，"整个赤裸的宣告"。正是在那里，南希抹除了供奉，以他自己的方式实施了柏拉图式的弑亲：

---

* J.-L. Nancy, *La Naissance des seins*, Valence, Erba, 1997, p. 46 - 47.

这是在给予和拒绝之间悬搁。这无关于两者的期望抑或权力。这不是被困于残暴而崇高的人神之战中。这是另一回事。给予或拒绝属于交换的范畴,后者可以是商品和服务的交换,也可以是邪恶和痛苦的交换。有供有求,供应本身即需求:必须存在需求。但这是另一回事。既非供应也非需求——因此,最终甚至不是供奉。这个词还是太过虔诚,太过牺牲,太过浮夸。也太过蓄意。

然而,问题在于谁是无意的:一切都在扩展之中。问题在于那被无意识地延伸、无要求地献予、无劝诱地提供的部分。*

保留的供奉不是一种供奉,因为一个心爱的女人的乳房是"无要求地献予,无劝诱地提供"的。

这正是南希的话语所在。他将其献予我们,

---

* J.-L. Nancy, *La Naissance des seins*, Valence, Erba, 1997, p. 48.

彻头彻尾地肯定,却不做任何要求。他将其提供给我们,却不劝诱我们追随。他是否试图使其作品成为思考的欲望,正如乳房的诞生之于爱的欲望?我们真的可以在不带某种模糊的母性之物的情况下占据此地吗?不带对暴力和必要的盲目的过分锐减?不带减少枯燥的操练和激烈的分歧的部分,从而有利于一种可靠的仁慈?在这里,我又一次处于恶意的边缘,在这一恶意中——针对让-吕克·南希——我是不可能成功的。让我们向这位朋友、忠诚者、最后的共产主义者、思想家和尤为特别的精神艺术家致敬。既然我们都爱他,就让我们同他一起说:"这是一种光彩夺目的存在构成。爱没有定义它,而是将它命名,并迫使我们思考它。"(*PF*,第 266 页)

芭芭拉·卡森[*]:
逻各斯学反本体论

---

[*] 关于 Barbara Cassin, *L'Effet sophistique*, Paris, Gallimard, 1995.

许多人会问，这位诡辩学派的杰出专家——以及崇拜者——是如何能与我这样一个老柏拉图主义者共事二十余年，甚至共同编撰哲学丛书。这个问题不太容易回答，只能说情况确实如此，我们在编辑工作中从未遇到过重大的困难，更不用说无法克服的分歧。也许可以认为，柏拉图主义者更容易谈论（闲谈？）诡辩学派，正如我在下文中所做的，比一个假定的诡辩家谈论柏拉图主义者更加容易。毕竟，诡辩家也是——芭芭拉或许会不情愿地表示——柏拉图对话中的一个角色，面对苏格拉底的主要角色。因此，我与芭芭拉共事并对她的作品发表评论，这又有什么可令人惊讶的呢？我们最需要的是看似与己最不类同的东西，事实上，不类同之物能够最为有效地彼此结合。

为了支撑她对诡辩的颂扬，并使我们相信"逻各斯优先于客体"，芭芭拉·卡森求助于对两位诗人的对比：圣-琼·佩斯，其崇高的颂扬似乎是犹太基督教和现象学的；以及弗朗西斯·蓬热（Francis Ponge），他更好诡辩，因其呼吁"以客体为单位的修辞"。并且，同高尔吉亚一样，他假设"一切描述，一切颂扬，同时也都是对逻各斯的颂扬"。

芭芭拉·卡森的这部著作尤为重要，让我们从上述两类风格中的两种颂扬谈起。

首先应表示："这本栖于枝蔓与果实中的书啊！正如我们在隐迹纸本、古印本和淤泥罐内的巨大的纸莎草纸上看到的一样,誊写者的耐心和先知的远见相互交织!这是对律法石碑的颠覆,温和却不可抗拒,通过寻回的碎片、修复的诗句和转录的序言!旧的形而上学被逻各斯自指的愉悦破坏!大胆的顾虑,像海边的战略家一般窥视着本体论的怪物,他的武装只是其计划的残余!"

紧接着:"芭芭拉·卡森的书被预先分层。金块上的灰尘层;精确的计算层;用以摧毁的词语层;电子层,比古代者更古老、比现代者更新近的短路;异色布料的缝合层,线与针不再能彼此区分。树脂、阳光下的香草、一罐酒的气味。好一本层层叠叠的小说,阅读它犹同咀嚼,不同层次在齿间散发出混合的味道。这种美味包含了博学(快乐的)和思想的味道,却比表面上更为悲伤。"

但在赞誉过后,我需要审视我的观点,共识性的分享所带来的语言的乐趣与沉醉——因为芭芭拉·卡森告诉我们：共识是同音异义的艺术——将这一共识与其余一切对比。这本温柔而又严苛的书，令我的柏拉图式和反诡辩的旧信念沉睡，也将之撕裂。

对芭芭拉·卡森而言，通过终结形而上学来将思想开启的诡辩公理从一开始就传达给我们："存在，对本体论的根本批判，不是话语所揭示的，而是话语所创造的。"重要的是通过一种回到原始诡辩的姿态，用逻各斯学（受控话语的存在和非存在的力量）取代本体论（对前述谓[antéprédicatif]"il y a"的语言把握）。

这一公理的政治后果被完美而有力地规定：政治由修辞联系构成。因此，它与**善**和**真**无关。芭芭拉·卡森告诉我们，无论对政治的规定是什么，"它在定义上永远不会同善与恶之间的伦理差异相混淆，也不会同真与假之间的理论差异相混淆"。

话语和审美的结果同样是必要的。从存在是

一种语言制造物的事实来看,创造出最多存在的东西始终是最显要的虚构化。小说是最为集中的逻各斯学。意识到自身虚假的虚假取代了真实那令人畏惧的外在规范。为了再一次被催眠和诱惑,可如此援引:"意识到自身之伪,并且在自由商定的美(agatê)之中呈现为伪;一种话语,它放弃任何本体论的相符以遵循自己的造物主;为言说而言说(logou kharin)而不是意欲言说(semainein ti),这就是浪漫小说。"

我在这里!反其道而行之的我!因为我认为:

——存在,作为存在,在数学中被表述为纯粹的多重性,这恰恰不是一种话语,也没有修辞上的契合;

——解放式政治与管理式政治的区别正在于,前者对集体具有真理性的影响,没有它们,这一集体是不可见且不可想象的;而且,解放式政治的核心哲学范畴不是自由,而是平等;对于芭芭拉·卡森(正如对于汉娜·阿伦特[Hannah Arendt])而言,由诡辩支撑的关于表象和观点的政治使自由成为政治的非哲学范畴;

——伟大的小说无疑具有强大的真理性影响,真理可在虚拟的结构中表现;但我们完全处于所谓的"哲学"之外。

总之我认为,正因为这只是同音异义的诡计,所有的共识都是思想的覆灭,当芭芭拉·卡森宣称"成就(performance)是真实的衡量标准"时,我自然感到愤慨。这种对精湛技艺的颂扬令我不悦。

然而,芭芭拉·卡森的理由是如此富有教义,如此诡辩,如此强大……一言以蔽之,如此希腊化……在修辞的床榻安眠的诱惑再次将我征服。言说,从而使得:除了自由的共见式说服之外,没有其他的政治命令;欣赏美妙的浪漫散文。还能够询问些什么呢?我只能向芭芭拉·卡森接连提出几个问题。

第一个问题:柏拉图。芭芭拉·卡森必须推翻柏拉图,因为正是他将诡辩排除在哲学语料之外。但是,根据其自身标准,这种推翻是否有效?芭芭拉·卡森的计划是用诡辩史反对哲学的哲学史:这是一个宏大的历史性"动荡"。柏拉图是否也同样被排除在新形象之外,就像诡辩家们被排除在旧形象之外一样?在这一点上,芭芭拉·卡森仍是海德格尔主义者。她采用了本体论和形而上学的封闭思想,采用了已过时的主题。她甚至认为,诡辩家在前苏格拉底主题中的登场,这一她以至高无上的艺术所谋划的登场,将完成海德格尔(仍被本体论的真实性束缚)尚只勾勒出雏形的部分。我予以引述:"我们远未以这种方式陷入非哲学,相反,我相信人们会发现自己在一般的本体论和形而上学上面临着如此艰巨的立场选择,以至它很可能在哲学上被证明是无法超越的。"

我的问题是:这一形而上学的决定性批判是

否以一个被错误对待的柏拉图为代价?这个柏拉图——如果我可以这样说——被化约为对诡辩的排除,而芭芭拉·卡森是否可以轻易地返回,正如马克思试图为黑格尔所做的那样?啊!柏拉图仍旧是一切哲学的试金石。我的意思是:可读性(你自身的理智类型)几乎总是取决于人们赋予柏拉图的姿态(创始的、健忘的、边缘的、迷失的……)。

假定的排斥行为的逆转涉及发起者,柏拉图永远不会在这种程度上将其忽视。

芭芭拉·卡森认为这是一个尤为诡辩的命题,因此它被柏拉图抹杀,以支持本体论的统治,即"只有非存在才能使我们意识到话语,以及通常铭刻在同一性陈述中的差异:'不是'应成为'是'的规则"。

然而,这难道不是反诡辩哲学最为恒定的动机吗(黑格尔在此是范例)?更应该说:这难道不是柏拉图自己得出的公理,根据在他看来矛盾而危险的工作，如同对"第一"本体论，即巴门尼德本体论的必要抹杀？有三个例子，芭芭拉·卡森比任何人都更加熟悉，但恰恰是因为她无法在自身的逆转行动中把握这些例子，所以她从不给予指示，即便考虑到其复杂性（简言之，阐明柏拉图的"诡辩"维度）。

——在《诡辩家》中，对差异（作为一切理想性的必要条件）加以铭刻，其前提正是在此被确立为至高类型之一的存在与非存在一样可区分。作为存在本身的可理解性规则正是非存在。如果这是一个在存在的差异中思考存在的问题，而不是作为另一种至高类型简单的"存在部分"（运动、静止或**同一**的存在部分），那么我们必须把对存在的把握"包裹"在**他者**之下，这一他者正是非存在。

——在《巴门尼德篇》中，终极假设是**一**不存在，这将给所有新柏拉图主义带去否定效应。**一**的至高性只在其非存在的特征中才可被想象。

——在《理想国》中,存在的一般形式是**理念**。当谈及**理念**存在的可理解性原则时,谈及使**理念**可认识的部分时,我们必须求助于**善**的超验性。然而柏拉图立即告诉我们的是什么?**善**不是一种理念,根据本体论的观点,存在和可想象之物的根源是存在的例外,在非存在的特有形式中,即非理念(non-idée)。

哲学——以及形而上学,让我们不要害怕这个词——的核心从来不是给予。相反,它始终是一个对角线的进程:建立一个本体论的约束,一个规范化的话语。例如**理念**或至高类型的进程。似乎存在——作为该种话语的实在,该种约束的实在——是不屈从之物,是它的反面,例外的对角点,因此也是所有关于存在的话语固有的非存在。如果存在是揭示和给予,那么所有哲学都将是直觉和诗意的,而不是概念性的。哲学的概念网络恰恰是在其失效的最终规则下建立起来的;存在不会被给予,而是被减去。

那么我的问题是:诡辩难道不是这种减除的简单修辞直接性,不是在约束的经济中建立起来的要求吗?可否试想,它已经存在于日常语言中?

可以认为:诡辩(或逻各斯学)给予语言一种过度的信赖。原因不是它在此辨认出非存在的首要地位,以及对受造物(être-créé)的"虚拟"把握,因为关于这种首要地位和这种把握,形而上学从未停止给出最有力的佐证;其原因是诡辩提出了存在与非存在的技术可逆性,提出了对自然现时性的修辞式(且可传递的)调整,这一现时性将语言"给予"我们。然而形而上学发现,只有通过将语言置于公理化和约束性的概念形式主义之下,思想才能够被削减(向可以设想的非存在开放),该种削减只会发生在这些被创造出的形式主义的失败中,或发生在其限制的过程中。

柏拉图哲学所反对的不是非存在至上(或语

言主权）的悖论或"不道德的"复杂性。相反，是诡辩的"解决方案"的易用性。非存在是存在的规则，诡辩者对此进行宣扬。但困难的不是将其陈述并愉快地从中推断出雄辩家的"民主"合法性。困难在于将其思考，并从数学上推导出某些真理的艰辛存在。

芭芭拉·卡森想让我们陷入一种选择：或者存在是一种先于言说的赠与，真理从外部支配话语；又或者存在是言说的创造，真理则是无用的，成就和观点便已足够。

我（与柏拉图一起）将自一开始就从这个选择中撤出的东西称为"哲学"，它将该选择对角化，将存在置于一个既不先于言说也不由其创造的"镂空"点中，因为思想只在它自身话语装置的构造区间或无限的程序限制内向它敞开。因此存在（即非存在）不是在话语中被言说，而是在数学中，在公式中，在始终书面的痕迹中。也正因为如此，真理是外部规范的完全对立面：它是一种内在产物。

根据某种立场，存在于不可被指定给言说的先在性中被给定，哲学将这种立场认定为"教条的"。相对称的立场则被称为"诡辩的"：存在是一种言说的产物。哲学将自身定位为一种受对角线调节的工作，后者颠覆了教条主义和诡辩的耦合（实则是自然界的深刻同一性）。

我的第二个问题将与拉康有关。根据几篇文章的内容，我们能够很轻易地将拉康归入芭芭拉·卡森的新诡辩概念之下，这一点是否明确？诚然，拉康（芭芭拉·卡森的文本依据始终是一字不差的）在话语中建立起现实，并表明是外部将话语揭示，而不是相反的情况。但现实和外部均不是实在。至于实在，在拉康的拓扑学意义上，理应指出：第一，它是不可象征的，因此脱离了纯粹的修辞生产；第二，如果它通过言语运作，那么它就是这种言语的一个不在场的原因，而不是一个与其力量同外延的创造物——的确，拉康最终认为实在是"我们所遭遇的";第三,它不是通过拉康所谓的正确象征和芭芭拉·卡森所谓的表现来传递的,而是通过一种切割行为,它在那里被揭示为浪费和挫折;第四,即使涉及作为写作而非话语的形式化,实在也只是一种僵局,而不是生产;第五,也是最为重要的,这一实在是一切知识的外部存在,它依然是真理的保障者。因为拉康说,"真理在于假定在知识中充当实在的部分"。

对"真理/知识/实在"这个三元组合加以诡辩远比将其哲学化困难得多。

因为如果哲学家的存在总是一个论证约束的对角点,如果它作为这个约束所缺乏的东西而得以脱身,那么拉康的实在便更接近柏拉图,而不是高尔吉亚。

当然,芭芭拉·卡森指出拉康反对柏拉图,认为对象 a——实在的字面名称——是无理念之物。但确切地说:于柏拉图而言,**善**、**一**或**他者**

被规定为对不存有理念的存在的最终命名。因此，只存在诗，如《理想国》中的**太阳**意象，或是数元，如拉康的对象 a 和巴门尼德第九假设的"非在的**一**"（Un-qui-n'est-pas）。

诗或数学，但必然不是观点的修辞。

这引发了我的第三个，同时也是最后一个问题。

如果是话语创造了存在，如果语言表现是一切"价值"的衡量标准，那么有两个空间最适宜创造性地传递存在的最大值。一方面是汉娜·阿伦特意义上的所谓民主政治：公共舞台审判的自由修辞间隔，观点的伪善；另一方面，是浪漫小说的创造物。

那么自此我们应如何理解"哲学"，假设我们希望以诡辩家的形象（这是芭芭拉·卡森的想法）维持和强化其动机，甚至是审判的元政治对小说美学的苍白适应？如果这就是哲学混杂的命运，柏拉图是否完全正确地将诡辩原则从哲学中排除,以便建立一种完全独立的话语性,在这种话语性之中,存在作为非存在的决定实际上支配着一条不可化约的思想对角线?

芭芭拉·卡森将诡辩与创造世界的推论游戏的多样性相联系。这种尼采式的游戏植根于文本科学。但哲学首先要摧毁世界的概念;如拉康一样,哲学知道世界只有一种幻象,只有在这一幻想的解除,或是它的失败中,我们才能以减法的方式思考某种实在。

哲学合理地将自身构造为反诡辩的,因为它将真理的起源视为一切话语冲突的消失点。正是这一点,我称之为"事件";对事件而言,不可能有先存的或构成性的修辞,因为关于其名谓的问题在很大程度上被悬搁了。事件是无名者(sans-nom)之名,是被遭遇的部分,它偶然发生并催生作为新生事物的真理。认为仅在语言的秩序中才存有"创造",就是将对发生之物名称的创造性和对角线式找寻与这一"发生"本身的衰减混淆。这是践行拉康所谓的"语言唯心论"(idéalinguisterie)。

事实上,通过否认其化约维度被迫参与的事件和程序,诡辩所呈现的创造和新奇只是最无害的修辞形式。我们在诡辩中的目标是,在其颠覆性的外表下,诡辩只允许在思想中保存语言和政治资源的技术变体。如此的诡辩是不值得的。正如德勒兹所说(尽管他同样也不相信真理),诡辩"并不有趣"。此外,这就是柏拉图的终极和主要论据。诡辩并没有那般不道德,也并不无趣:"认为其做出一项艰难的发明,因其令论据在各个方向上肆意扭曲,这就是在不值得操劳的事上操劳。"

芭芭拉·卡森一刻也没有打扰我们。但或许她最为有力的策略不是重新确立诡辩的优势地位,而是拯救海德格尔。在我看来,这就是其观点的当代力量。

这一拯救有哪些强有力的操作?

1. 将前苏格拉底概念的重心从巴门尼德转移至高尔吉亚。在芭芭拉·卡森看来,正是以此为代价,我们才能使某种虚构的民主主义回溯至其起源,这治愈了"伟大的护林人"一类的法西斯欲念,同时保留了反形而上学的历史蒙太奇。

2. 保留柏拉图式的封闭判断。然而,不是作为对存在的忘却,而是——如果我可以这样说——作为对非存在的忘却,对语言中固有的自由之伪的忘却。作为对诡辩的排斥,而不是作为对巴门尼德的抹杀。

3. 用民主的伪善取代海德格尔的真实,后者保留了本体论对政治的裁判权。因此,国家社会主义的错误变成形而上学的罪恶,汉娜·阿伦特成为真正的自由海德格尔主义者,那些诡辩的希腊人使我们无法对政治事务做出任何真实判断。

4. 偏好小说胜过诗歌,因为后者是赠与、在场和本体论的托词,而前者是伪造、假象和逻各斯学的狂欢。

这个去诗化、去哲学化、民主化的海德格尔看起来足够健康,以至我们可以保留其历史方舟。也就是说,对形而上学的判决。

芭芭拉·卡森还认为,晚年的海德格尔距离她所引导的死后的诡辩救赎并不遥远:"因此,为同时表明晚年的海德格尔与诡辩的特征,我们可以使用诺瓦利斯(Novalis)冒险提出的'逻各斯学'这个名称。"

我们能够很自然地得出结论,这个为海德格尔和诡辩所共有的名称,赋予了诡辩一切现代性的保证。

我们也可以得出结论,该名称表明——这在我看来是对芭芭拉·卡森著作最有根据的对角线式利用——今日的哲学,为了更新将其建立的反诡辩行为,必须将晚年的海德格尔排除在外。也就是说,与芭芭拉·卡森相反,并且必须说,与许多其他人相反,要肯定一点:为了在我们这个时代的条件下思考存在的实在,即作为非存在的存在,作为真理之力的事件,我们必须打破海德格尔的历史蒙太奇,恢复柏拉图的地位,并毫不羞耻地建立一种当代的形而上学。

凭借这样一种"不合时宜"的尝试,这本书反过来激发了矛盾的勇气。伟大的作品就是这样,总是能够激起他人对抗的欲望。

雅克·朗西埃：
暴风雨后的知识与权力

关注我们的朋友们在拉法布里克出版社的作品的读者都非常熟悉雅克·朗西埃,我当然无须多做介绍。我写了很多关于他的文章,且通常极富批判性。他自1982年起就对我的《主体理论》一书发表了评论——当时尚无其他人谈论这本书,对此我十分感激——但这一评论是毫不客气的。我们共同参加了许多论坛,进行了许多公开讨论。我们在国外多次见面,我的很多朋友也是他的朋友。怎么说呢?我们或许在太多方面过于接近,以至不能平静地接受在某些方面如此遥远。下面这篇文章,是我于2005年春天在瑟里西(Cerisy)宣读的论文,在那一周里我们都探讨朗西埃。可以看到,我试图尽可能地远离他,最终我很满意地找到了一个微小的本质性分歧:我们对瓦格纳《纽伦堡的名歌手》的阐释是不同的。

我要开门见山地说,今晚我只想称赞雅克·朗西埃。我过去所做的批判已经足够多了,我的储备已经耗尽。是的,我们是兄弟,所有人都明白,最终我也明白了。

就我和雅克·朗西埃所处的立场而言,仅说他的好话不是一件容易的事。难道不能认为,经常得到我的赞誉是他所能承受的最坏的命运吗?因此,说好话的决定只是中伤他的最狡猾的方式。尤其是,如果我宣称我们在许多重要问题上达成一致,他会怎么做?他难道不会即刻改变对所有这些问题的看法,将我一个人抛在那里吗?

我必须强调的伦理原则是避免与我进行任何比较。不要谈论我。没有一致或不一致,什么也没有。只谈论纯粹的朗西埃,彻底的赞誉。正是为了远离我自己,我选择通过那似乎隶属于另一个人的内容来进入他的作品:知识与权力的关系。事实上,这种知识与权力的辩证法如今已通过对福柯的参照系(或许也是片面的)而学院化了。事实上,在其普遍形式下("任何知识都是权力,打到学术权威!"),这种辩证法是60年代末和70年代初的一种老生常谈。可以断言,如果有人能比福柯更多、更好地将这一概念展开,那就是朗西埃,正如他第一本书的标题所表明的:《阿尔都塞的教训》(*La Leçon d'Althusser*)。他反思了阿尔都塞的"理论主义"(对科学的辩护)与法国共产党的反动政治权威之间的联系。这是知识分子的知识与其所属政党的权力之间的关系,或是行于正道,或是有所偏离。

为了理解他的出发点,必须回到60年代的

背景下,尤其是 1964 至 1968 年的关键时段,在 1966 年达至顶峰。因为在我们所面对的问题上,这一背景是绝对矛盾的:它准备和组织了始于 1968 年的一种立场的摇摆,从推崇概念的科学立场,到推崇行动和行动者直接观点的实践立场。不要忘记,这也是朗西埃成长的背景。

看看 1966 到 1967 年间都发生了些什么吧。结构主义的统治无疑是科学的统治。其主题十分深刻,因为这不是一种普通的科学主义。这种新科学主义聚焦形式化的主题,汲取了结构语言学,尤其是音位学的成功经验。它能够在马克思主义和精神分析的主流人文科学中辨读隐藏的形式理论:后者的心理配置,即**主体**的形式;前者的生产方式,即**历史**的形式。

阿尔都塞和拉康都以自己的方式参与了这场运动,并承担起科学性的典范,即形式化的典范,一个是从根本上区分科学和意识形态的历史,另一个则是使这种形式化在经典文本中成为精神分析本身的典范。因此,我们所处的背景是,在知识问题最艰深、最困难的形态中(诸如逻辑、数学或语言学音位核心等形式科学的形态),知识问题是一个范式问题。

然而,在 60 年代中期和末期,一种完全相反的倾向出现了。这是一个原初的悖论,我们应将其考虑,以便对朗西埃的路径有正确的理解。事实上,这一悖论或许是一个最初的、主观的决定性例证,用以说明后来他提出的(对他来说,这些都是重要的范畴)非关联的关联,或者是被视为关联的非关联。

大规模的反权威起义,目的是推翻以占有知识为基础的等级制度。工厂的造反也是反等级制度的反抗,它质疑了建立在技术科学知识基础上的工程师和领导者的权威。其观点是,工人的直接经验至少是同等重要的。这是一个序列,对许多年轻哲学家而言是一个参考,对我和朗西埃尤是如此,甚至当我们致力于捍卫科学概念及其解放的权威之时。我们对文化革命的迷恋是对是错,这是一个次要的争论。事实上,一个巨大的政治现象似乎是两极分化的,关于对一切基于知识掌握的权威的拒绝或反抗问题。在这一过程中,对于我们渴望成为的革命科学家而言,这是最为暴力的内在悖论。

让我们重新回到法国。从 1967 年起发生了一系列工厂工人起义,自 1968 年前一直持续到 5 月初。这些起义是新式的,因其由一群年轻且不隶属于工会的工人组织,起义企图颠覆工厂的内部等级制度,这首先表现为对运动的工会组织的迟疑,甚至是公开反对,其次是一种颇为系统的侮辱当局的意愿。在接下来的几个月里,该意愿导致一种相当暴力的行为的普遍化:扣押雇主。我要向你们指出的是戈达尔(Godard)拍摄的电影《一切安好》(*Tout va bien*)中对这一切的风格化总结,这部电影可以被视为一部艺术纪录片,说明意识是如何通过知识与权力之间的混乱关系而得以塑造。

最后,由各种不同政见的运动(尤其是关于性别和社会不平等问题)所事先筹备,68年五月和随后几年的学生起义明确针对知识传授的纵向组织。起义涉及学术权威、培育选择、课程阶段、知识控制、学生团体自我学习的可能性等问题,这些团体在没有任何教师在场的情况下组织起来。

这些事件构成了一个悖论:科学知识绝对范式下一种主导的哲学意识形态与一系列政治意识形态现象之间的摇摆,后者发展了一种理念,即知识与权威之间的联系是一种压迫性的政治建构,必须在必要时以武力击败。

因此,对于朗西埃,正如对于我和其他许多以不同方式将这一悖论践行的人来说,一个重要的问题将出现:我们如何解开并摆脱知识与权威、知识与权力之间关系的现有形象?这个问题在我所谈到的情景下自然出现,从我们参与运动的时刻就已开始,那是我们年轻教师的就职典礼。但我认为,这个问题是围绕以下问题以一种更复杂的形式发展起来的:知识被确立为压迫形象中的反动职能,知识通过这一形象成为垄断,如果知识的权威被推翻,经验将如何传授?传授问题变得尤为尖锐。如果概念不是第一位的,如果实践和实际经验是解放的真正源泉,那么这种经验又将如何传授?当然,首先是革命经验本身。当在制度上作为传授场所的权力和知识的规范权威被推翻、解除和撤销时,新的传授协议是什么?什么是非强制性的传授?

我们也可以这样问:如果排除了制度权威的一切有效性,**教师**的新形象将是什么?是否有制度之外的教师,还是说根本不再有教师?这个关于教师的问题,你们都知道它在朗西埃作品中的重要性,但它在拉康的作品中同样至关重要。它不仅是从知识与权力关系的抽象或谱系问题中产生的,而且最重要的,是从 1965 至 1975 年间参与全球青年和工人群众运动的直接遗产中产生的。

这是那一时代的典型问题和过渡性的解决。拉康本人也抨击了教职的问题。他不仅提出了一个教师话语的数元,还思考了教职、传授与制度之间的关系。对于作为经验传授场域的新的精神分析学派而言,他特别提出了一种令人瞩目的观点,即建立和解体之间的某种对等。如果我们遵循拉康的真正制度的起源,我们首先会发现,除了已经确立的教职形式外,这一制度是处在教师的专有名称的根本保障之下的(同样,"拉康"和"毛泽东"一样,表达了传授的条件)。然后我们看到,为避免它产生"黏合效应",并确保传授的透明性,它必须日复一日地处于自身解体的边缘。

所有这些情境,作为历史和主体的悖论,都构成我们这"一代人"自己的起源,正如有人所说的,我们是被 68 年五月的闪电击中的一代。

这个起源照亮了朗西埃的思想轨迹，照亮其漫漫长路，原因很简单，和许多其他的起源不同，朗西埃从未否认这一起源。出于同样原因，它也照亮了我的轨迹。因此，虽然我在发言的开头予以否认，但我认为有必要在一定程度上利用朗西埃与我之间的比较。

我显然又回到了最初的难题上：如何将朗西埃与我进行比较，且不立即证明朗西埃是错的，而我是对的？在有限但国际化的环境中，可以厚颜无耻地、有意义地说，朗西埃/巴迪欧的比较正逐渐成为一种典范。我们都没有从中获得任何特别的自豪感。雅克有一天对我说："你知道的，我们正在向资历迈进。"正是如此，但我们可以自诩这是一个可靠的资历，而不是某些同僚在误导性的否认中所发现的社会利益。

可以就我与朗西埃的比较进行一些方法论层面的探讨。一般来说，该种比较有三个功能。首先，比较通常被用来设计一种批评的模式，在关于像马拉美、柏拉图、斯特劳布(Straub)或戈达尔这样的对象上,使我们彼此对立。有时,比较被用作一种综合的方法,来构成一个被认为是未被察觉,却在我们"之间"流动的问题。最后,它对我们中一个人的工作起到了积极的澄清作用。这第三种功能是我将要承担的,我每次都或多或少有些笨拙,试图扮演错误的角色。我将坚持"只说朗西埃的好"的原则,即便代价是只说我的坏处。

关于我提到的背景的核心问题,不只是权力与知识的关系问题,更主要的,是当知识与权力之间的联系被打破时的传授问题,朗西埃认为这是一个民主假设,关于某种新型传授的或然形象。我称之为"民主"的假设,它与爆发、运动、民众、闪电般的铭写有关。它也与下层和上层人民的"社会"差异有关。这种情况,再加上这种区别,在新的传授和教职制度与旧的制度化实践始终不完整的背叛之间建立了联系。在这一情景下,不平等和平等动机之间的相互联系出现在它们的有效表达中,出现在被关联的非关联中。

我的第一个观点是,这一假设迫使朗西埃进行历史性的调解。事实上,如此设想的民主假设是基于对某种共享体制的机能障碍的观察。通过这种机能障碍,一种与权力、知识、活动的身体,以及可见的整体均不相同的共享可能性似乎陷入了一个缺口。这种不同的共享将一种新的、脆弱的、过渡性的传授方式提上了议程,这种方式完全不再经由既定的知识渠道,而是存在于知识-权力印记的分配发生变化的地方。在那里,旧的共享中的无份(sans-part)成为一个部分。这种传授是真正民主的,因为它直接涉及与现有共享制度的差异。它达到了这样一个地步:polis,即作为平等集体的虚拟城邦,在保持联系的同时突然与"治安"(police)即已经建立的共享制度分离,与分配不均的部分分离,包括作为一切重新分配之必要形象的无份。

我要强调的是,朗西埃里程碑式的总结将一个新型民主假设的各种结果组织起来,这仅仅是因为我自己的假设与他的不同。事实上,我开始扮演错误角色,我认为我的假设仅是贵族政治式的。对我来说,新的传授的出现意味着异质体效应的后事件(post-événementielle)构成。然而,这个异质体处于一个并不直接民主的维度,因为它的异质性内在却又分散地影响着多重性,影响着人民(dèmos),而这一异质性正是在人民内部形成的。使平等主义假设存在,或至少将其传授的事物并不处于一个立即平等的体制中。这有点像数学:有什么比纯粹的连接更平均?面对这个形式游戏,思想是完全相同的,游戏规则十分明确,一切都被记录下来,没有什么被隐藏。这就是为什么柏拉图赋予这些思想辩证法的强制优先地位,使辩证法具备最令人信服的平等。这就是他的民主主义：理念面前的平等。然而，每个人都知道，定理的形成及其整体传授是一群数量有限、富有创造力的数学家的工作。因此，严格意义上的数学家们构成了一个十分贵族化的领域，尽管他们的无私和对普遍性的贡献是毋庸置疑的。正是从这一评定中，或者说是从这种深刻的民主范式中，柏拉图得出了他的结论，即卫士的稀缺性，以及那些确认他们的彻底平等（包括妇女）和他们对共产主义的漠不关心（他们无视私有财产）的结论。在这个意义上，我所指的是一个传授贵族，一个"共产主义"贵族，如今其问题是必须避免任何使人联想到政党形式的东西。

为避免这一问题的出现，朗西埃尽可能地靠近集体序列，因其破坏了既定的传授形式，且不关心进一步调查结果的物质组织方式。

这就是我们最常见的差异形式：我们有两个不同的逆喻。朗西埃的逆喻是无知的教师，我的则是无产阶级贵族。显然，在某些方面，这两个逆喻，这两个评判准则，是非常接近的。粗略地看，它们是相同的。迫近看，又大有不同。为何？这可以说是一个精确而成熟的哲学问题。为什么"无知的教师"仍然不可取代"无产阶级贵族"，就像60和70年代悖论的结果那样？

无知的教师的逆喻激活了它在偶然集体中的位置，即非位置（non-place）的位置。它在对已发生之事没有任何保证的情况下进行传授，并以此身份给予认可。无知的教师具有一种潜在的普遍性，是对业已存在、业已生成之物的一种激活。这种传授的历史现象既是及时的，也是有时序的。

我所说的无产阶级贵族也是一个偶然的贵族，但它是规定性的，而不是以民主的方式证明占有位置（avoir-lieu）的力量，以及不在位者（hors-place）获得位置的力量。它规定了对它而言重要的东西，它也在没有任何保证的情况下传授。然而，它通过归入其自身的时限进行传授，这是一种完全不同的传授模式。我在这里将其引入，只是为了阐明无知的教师的逆喻，并指出这是两个成对的新名称，用以在思想上命名我刚才所说的悖论式情景的某种考察。

这种二元性导致了对各种事物相同却又不同的使用。例如柏拉图。

朗西埃和我当然知道——正如福柯所知道的，他或许会嘲笑这一切被归功于他——知识和权力的选言辩证法（dialectique disjonctive）在哲学上首先是一个柏拉图式的问题。柏拉图使用大量篇幅论证了这样一个命题：获取知识的协议与权力位置的分配，即城市的等级制构造（卫士、战士、工匠……）之间有着必然联系。因此对于朗西埃和我而言，柏拉图是一个永恒的基本对话者。柏拉图就像一条山脊线，我相信我们走在同一条山脊上，但看到的并非同一侧。

如果审视作为范本的《理想国》的结构，你

们会注意到,可从该文本所运作的总体位置分配角度来进行阅读(如我们今日所说的,从它的社会观角度),或者把注意力集中在对卫士的教育上。在第一种情况下,我们可以得出朗西埃的结论,即柏拉图的本质是对民主的批判。为何?因为位置分配的原则是,只做一件事的人,或被强迫只做一件事的人,不可能真正参与政治事务的领导。朗西埃十分强调这一点。归根结底,柏拉图"社会性"反民主的基础并不是学术闲散的必要性,或是对体力劳动和脑力劳动之间的严格区分。本质的问题,仍是一与多的问题。柏拉图的权力等级分配是由这样一种信念主导的,即被指定生产任务的人只有专注于这项任务才能很好地将其完成。对于手工业(即"技艺",包括诗歌技艺和艺术),一的原则是严格的:一项任务,一个人。因此存在一种实践单义性。相反,城邦的卫士——换言之,政治领袖——必须同时做几件事,即使他们被排除在体力生产之外。例如,他们必须研究数学、体操、武术、辩证哲学……

可以说,在我们对柏拉图的总体认知中,朗西埃强调了实践单义性的反应维度(每个人都有自己的位置),而我则强调理论的多样性(领袖的位置始终处于移动中)。如果撇开"社会"模式不谈,我们可将卫士视作多种职能的人类的一个换喻,在柏拉图那里,我们读到的是一种共产主义范式。在对话中,有一种将生产的手工业者置于底层的严格等级制度和一种类性的共产主义共存,这种共产主义发展为一种假设——苏格拉底认为这是可怕但又不可避免的——即妇女参与事务的领导。柏拉图的分配正是这种分割的投影:一方面是无知的教师的逆喻,它从实践单义性、"社会"等级制度及其令人无法忍受的反民主层面来组织思想;另一方面则是无产阶级或共产主义贵族的逆喻,它相反地将柏拉图式的卫士观推论为多元性的范式,同时也是作为真正平等的实在载体的类性(或无阶级)人类范式。

柏拉图从知识与权力的这一关系中得出结论，即政治的关键问题是教育。因此，考量朗西埃如何从哲学上看待教育是很有趣的。将视线放远一点，可以注意到在福柯那里，知识和权力的反辩证法完全没有产生教育理论。相反，它寻求的是所谓的实践对角线的不可预见性，尤其是病理的、极端的、平民化的局部实践，这些实践接近于那些无法命名的东西，因而在知识和权力的表达模式中描绘出各种对角线。

是时候认为朗西埃的地位是完全独创的了，依凭他从我所基于的矛盾经验中逐渐总结出的形式化体系。有一种朗西埃式的循环，其独特性值得我们考量，这种循环是他的写作在问题的真正哲学起源之间组织的，一种主要从 19 世纪工人行动经验中析取的材料，当代人的论点（尤其是福柯），对社会学家和历史学家地位的考察，以及与年鉴学派、文学或更广泛的美学和电影相关的重大争议。如果对这个循环加以审视，你会发现它使我们在六七十年代的境况的形式化成为可能。在我看来，朗西埃著作中的异质性材料为最初的悖论经验提供了一种令人信服的形式化。

关于教育问题，可以这样说：朗西埃并不认为教育在政治序列中占据中心地位。在这个意义上，他不认可柏拉图的结论。然而，他也不承认相反的命题，即教育是一种没有任何特权的上层建筑。这是一个很好的例子，或许是我所说的朗西埃的"中位"(médian)风格的来源。我所说的"中位"不是指中间派，而是指历来不会立即具备结论性的风格。这种中位风格是由于朗西埃始终在寻找一个点，在这个点上，直接获得的答案进入了一个令其模糊不清的游戏，这种模糊证明了这些答案并没有它们所宣称的明晰。

朗西埃始终受到我一开始所谈到的事件的启发。他和我一样，从中得到了一种信念，即斗争始终是两条战线上的斗争。这是毛泽东思想的伟大教诲。在政治上，斗争自然将我们与资产阶级、资本家和帝国主义的掌权者对立起来，但只有同时反对共产党和体制化的工会主义，这场重要的斗争才成为可能。诚然，美帝国主义应被推翻，但这只能通过谴责苏联来实现。简言之：一个真正的革命左翼既反右，也反官方的"左"。这就是一直持续到 80 年代初的异常强大而广泛的背景，其框架由两条战线的斗争观念勾勒而出。

在如今依然重要的理论问题上，也有两条战线的斗争。斗争反对这样一种观点，即政治可以依赖于科学，因此依赖于制度化的传授。斗争还反对政治必须由专家（即工人阶级政党）教授给无知的工人和广大人民。但朗西埃也反对另一种观点，即政治可以是盲目的自发性，一种与概念无关的生命能量，可被完全吸收进反抗的行为中。既没有博学的党凌驾于运动之上，也没有生命的运动内在性，令反抗的行为吸收或囊括了整个政治实体。

在第一条战线上,朗西埃必须与阿尔都塞决裂并写下《阿尔都塞的教训》,正如我于同一时期所做的一样。这是因为,对于阿尔都塞而言,科学仍然是确保意识形态分裂的固定点,这就是为何他在我所谈到的时段之后的很长一段时间内仍对党保持忠诚。我们应认识到,在阿尔都塞这位博学的大师背后,可以找到当时的毛泽东思想追随者所谓的"僵化的列宁主义"。这是一种与任何运动都无关的信念,即意识是从外部灌输给工人,而非内在于任何工人的知识,这个外部正是社会历史的实证科学,即马克思主义。

但不能忘记的是,还有第二条战线。朗西埃必须把政治与一切生机论的认同区分开来,坚定地保持其声明的地位、话语的坚实性和例外的形象。朗西埃并未对生命形式进行积极延伸。他的论点是,即便政治在第一条战线上不是向科学的传递,它也确实产生了必要的多种形式的知识,对于冲突中的工人也是如此。在这条战线上,他提出了一种全新的知识和无知的辩证法。

最后，对知识和权力的政治松绑问题，以及对某种新的传授形式的需要，在概念范围内提出了知识和无知的辩证法，更广泛地说，是传授和平等的辩证法。我认为这些辩证法是朗西埃作品中这一重要部分的核心，该部分使他的原初经验形式化。

在我看来，这种辩证法可被概括为两个十分精妙的论点，更为精妙的是它们之间的关联。为了对朗西埃的形式化加以形式化，我将这两个论点表述为：

（1）在宣告平等的条件下，无知是产生新知识的地点；

（2）在无知教师的权威下，知识可以成为平等的空间。

当然，有一点很重要，且已成为朗西埃作品的普遍经验：平等是公开宣告的，而从来不是纲领性的。对于我们这些坚定不移的朗西埃主义者而言，这或许是理所应当的，但同时也需要看到，这是他的一个重要贡献。正是朗西埃在当代概念场域提出了一种观点，即平等是公开宣告的，而不是纲领性的。这是一个根本性的颠覆，我很早以前就表示完全赞同这一论点，并将之归功于其作者。

还有另一个细微的比较。我们同意平等公开宣告的维度，但我们对这个维度的阐释并不相同。对我来说，平等是公开宣告而不是纲领性的，这意味着平等实际上是解放政治一切实际序列的不变公理。每当出于事件的原因，解放政治的一个新序列开始时，就会公开（再次）宣告这一公理。这就是我在 1976 年所说的"共产主义不变量"，当时的时代背景仍与最初的背景相同。共产主义不变量是作为序列公理的平等公理。被公开宣告的平等是政治贵族主义的格言，它与特定或特殊的不平等形式做斗争。偶然的政治贵族是一个活跃的组织，它在独特的序列中承载着格言，其唯一任务是尽可能地在情境中宣扬这一格言。这种贵族政治是绝对偶然和可识别的，仅仅因为它是格言体在给定序列中的有效性。

朗西埃的情况不同，他不相信原则，更不相信原则与序列的关系中可能的规定性。我认为，对他而言，平等既是条件，也是生产。这就是我前面概括的两个论点的深层含义。一方面，平等是知识和传授的新形象的先决条件。另一方面，在无知教师的标志下，这个新的形象反过来强化了平等，为平等在社会上创造了新的场所或空间。

平等是一个前提，因为它的宣言建立了一种新的知识关系，在位置分配没有考虑知识的地方创造了知识的可能性。因此，这种知识的教师只能宣称自己无知。在这场作为条件的运动中，平等主义的规定建立起一种新的知识体制，以及知识与无知不可预见的脱节中的传授体制。

平等是作为一种新的知识架构产生的，它创造了一个之前从未存在过的平等场所。对于这个美好的准则，我们已经给出了祝愿，按照这个准则，无份的一个部分会得到实存。但这在我看来有些过于结构化，无法恰当地概括朗西埃的思想。因为这里的一切都是过程，是偶然发生，是意义的闪光。在这个过程中，最重要的是平等位处条件和生产的双重发生中。正是这两种功能的结合使平等成为典型的事件。

这让我又回到了被禁止的比较。是的，可以认为对朗西埃而言，对平等的宣告就是事件本身。事件本身将产生不可磨灭的印记。在我对政治的看法中，平等主义的宣告是由事件促成的，它不能与事件混淆。它组织了一个身体，在一个与宣告不一致的事件条件下。

这种比较导致了十分复杂的讨论，即我们没有像最初的共同经验所要求的那样，以同样的方式离开党。

朗西埃的离党本身并没有维持组织的动机，他将其暂时悬搁。如果我现在决定改变演讲的标题，我会使用：《朗西埃或悬搁的组织》。在朗西埃那里，离党是为了尽可能地接近铭写（inscription）。这并不意味着他支持运动，反对党，他只是想尽可能地接近原初的铭写。作为额外的一个点，无法抹除的铭写，在间距中，在无关联的关联中，我们确定它曾经存在，它仍存在着，历史有时证明了这一点，我们因而可予以承认。

与朗西埃相比，我更多的是在焦虑和艰难中离开了党，必须注意到的是：政治连续性必然是有组织的。什么是异质的、贵族化的、承载平等的政治体，且不是后列宁主义学者政党、专家政党的继承人或效仿者？从哲学上讲，将组织原则悬搁和将其保持在政治关注的中心，两者间的差异对处理事件、铭写、身体和结果之间的关系具有深远影响。我们最终得出了两个在哲学上对政治的定义，这两个定义是相似的，但又足够不同，以致无法始终和谐共处。

事实上，朗西埃的两个论点（关于平等的双重发生）的全部智慧意味着我们可以用一些关于政治的定义来得出结论。从朗西埃的文本中提取一些准确定义的困难并不源于理论层面。我不认为这是因为他的反柏拉图主义倾向如此显著，以至他拒绝那些被认为只适用于各种理念之超验性的定义。相反，他的文笔具有定义性，有许多令人印象深刻的表达都看似是定义，以至有时我觉得他太过定义化，而不够公理化，因此他或许是站在了亚里士多德那一边……但对我来说，这是一个十分严重的指控，我立即将其撤回！

或许我们更应该把精确性的困难看作一种形式上的困难，与朗西埃的哲学风格有关。这种风格十分独特。它是急切而紧凑的，当然，它从未停止吸引我们。然而，对于像我这样的柏拉图主义者，哲学的魅力始终在于模棱两可。尤其在柏拉图那里！当他吸引我们时，他通常所做的，便是试图经由一个模棱两可的问题。

朗西埃的风格有三个特点。首先，他观点明确；他将诸多断言联系在一起，共处于一种独特的流动中，从而使论点由风格引导。将其与德勒兹的风格进行详细比较是非常有趣的，德勒兹也有着笃定的风格，却是另一种类型。其次，朗西埃的风格是一种不间断的论辩风格。你永远不会看到他给出一个单独的论证，以支持一个可识别的论点。最后，这是一种寻求围绕示例的概念性论述的风格，目的是在实际和概念之间建立某些无法抉择的区域。这不是经验主义。相反——请雅克原谅我——这是一种黑格尔式的细微转变：为了证明概念在那里，在于历史的真实侵入中，如同在其韵律的有效性当中。显然，我自己的风格更为公理化和形式化，包含了更多的独立论证维度。无论如何，朗西埃的文体——流畅的断言、论辩上的连续性、示例的阐发——使从其文本中提取准确的定义变得困难。

我想要展示这种风格。让我们来看一个著名的段落,它涉及政治的定义,并对我们今晚所讨论的几乎所有主题进行了重新表述。这是《歧义》(*La Mésentente*) 一书结尾的开篇:

> 在无份者之部分铭写,并扰乱了社会诸份额或部分的计算时,政治便开始存在。当任何人与另一个人的平等成为人民自由的一部分时,政治就开始了。人民的这种自由是一种空的属性,一种不属己的属性,通过这种属性,那些什么都不是的人将他们的集体等同于整个共同体。一旦独特的主体化形式更新了整个共同体和将其与自身分离的一无所有者——即其组成部分的唯一计算——之间身份的最初铭写形式,政治便已存在。当这种差距不再存在时,政治也就消失了,整

个共同体都被毫无剩余地恢复为其各部分的总和。（第169页）

这就是我所说的急切而紧凑的风格。行文的可理解性完全由句法构筑。可以说，朗西埃的风格在本质上是一种句法风格，具有概念和示例之间关系的独特语义分布。因此，很难从该文本中提取出政治、平等、教师、知识等概念的确切定义……但我仍想尝试一番。

让我们从一个十分独特的定义谈起。什么是政治的"终结"，甚至是政治活动的实有于特定情况下的终结？这是解放政治所处的序列。朗西埃告诉我们，当整体（集体）被毫无剩余地恢复为其各部分的总和时，政治就终止了。在这一点上，我会指出我与朗西埃之间的一个十分具有启发性的区别，一个相较于其他区别而言更为隐晦的区别，因其在本质上是本体论的。这个关于部分之和的观点假设了一种多的本体论，朗西埃并未真正将其给出。因为事实上，如果我们严格一些，一个集合便不能被简单地恢复为其部分的总和。总有一些东西在对部分的计算中超越了整体本身。正是这种溢出，我称之为状态（état），多的状态，情境的状态。当一个集体只是对其各部分总和的管理时，朗西埃称之为治安（police），而我称之为状态。但紧接着我们便分道扬镳。对朗西埃而言，政治终止的协议是集体的状态即部分的治安得到恢复的时刻。然而，对我来说，在这个意义上不会有政治的终止，因为状态的溢出是不可减少的。在状态中，总有某种东西的力量超越了集体的纯粹表现。在状态中，存在着未被表现之物。因此，我们不能想象政治在一个被恢复为其部分总和的整体形象中停止。我不想说得太多，但这意味着对我而言，不可能在结构上描述政治的终止。这就是为什么对于政治的实有我和朗西埃通常持有不同的判断。因为我们没有相同的判断协议来确定它的终止。对他而言，政治的终结有一个可指定的结构形式，那就是这样一个时刻：赘余（surnuméraire）被废除，从而完全恢复作为各部分之和的总体。有了政治终止的协议，他便可以指定政治的缺席和终结。由于我没有这样的协议，政治问题至少在结构上仍是开放的。这或许是一个纯粹的本体论空间，关于对形势的判断上存在的差异。这或许正是经验差异的根源：与我不同的是，朗西埃已经很长一段时间没有参与有组织的政治运动。

现在，我们能够给出平等的定义吗？平等是一种宣言，当然它位处一个特定的不平等体制中，尽管如此，它确信有朝一日该体制会被废除。这不是废除的程序，而是对这种废除将会发生的声明。我完全赞同这一基本行为。由此可见，平等的行使始终是结果问题，而不是目的问题。是因果关系或结果，而不是目的。这是很重要的。我们可以拥有且必须组织的是平等宣言的结果，而不是作为目标的平等手段。在这一点上我也完全同意。在朗西埃的概念化当中，平等向来不是理念。它不可能成为一种理念，因为它是历史上某一特定时期的集体实有体制。宣言的内容（形式改变了）是"我们是平等的"，这一稳固的宣言——尽管在历史意义上是赘余的——在其后果中成为现实。这就是朗西埃的观点。对我来说，从根本上讲，平等是一个非常特殊的**理念**。它之所以是一种**理念**，是因为它是政治宣言的不变量，正如它在解放政治的序列中所形成的那样。因此，它在自身存在中是永恒的，尽管在一个特定世界中的局部架构是它唯一可能的实有形式。谈到永恒，以及"是"（être）和"实有"（exister）之间的差异时，我再次扮演了教条主义的愚者角色。或许正是在这里，柏拉图主义和非柏拉图主义（或反柏拉图主义）之间实现了分离，一直延伸到政治行动的中心：平等的理念性或非理念性地位。同时，我们都认同平等的行使始终是一个关于结果的问题。这种实践上的一致是否足以抵消本体论的分歧？或许不能，又或许是局部的，在某些情况下，但从来不会在连续之中。这仅仅是因为平等主义公理的永恒确保了一种连续性，而朗西埃无法将其承担。

在政治和平等的这些基础上，我们可以对教师的形象进行批评，这是第三个定义。此外，对法国当代哲学中的教师形象进行盘点是很有趣的。在既定意义上，对教职的批评提出了一个新的形象，朗西埃十分精到地将其描述。在无知的教师/平等共同体的对偶关系中，这个形象有能力打破柏拉图建立的知识教师与城邦领袖，以及知识与权力之间的联系。用拉康的话说，这意味着终结教师话语与大学话语之间的混乱。我认为正是在此处，朗西埃证明了他从19世纪工人和革命创造中挖掘的丰富资源。理应向这一非凡的行动致敬，这是对档案的激活，在我看来，这比福柯的行动更为有效，也不那么令人伤感。朗西埃在出色的文本中挖掘和重新激活的工人档案显示了它的思辨丰富性,准确地说是一个完全独创的传授形象,直接涉及我在一开始谈论的原初问题。用我自己的话说,朗西埃发现了一种形式,可以将我们先天的悖论永恒地概念化。他提出了一种体制外的新传授**理念**。

最后,所有这些都是对知识的反应。知识在平等主义格言的前提下,在与无知的新型关系中,反过来又为平等开辟了一个新的空间,这显然是一种有别于体制化知识的知识。用我自己的话说,这意味着我们得到的知识至少符合一种真理。对于朗西埃,我认为知识,或者说真正的知识,是平等宣言在一个不平等制度中所阐明或部署的。假定的无知,在不平等体制中被称为无知,一旦受到平等宣言权威的约束,就会产生新的话语。我们曾说过,这是一种革命或解放的知识,一种真正的知识,即尼采所说的快乐的知识。也可以说,这样的知识是遭遇一个无知的教师对意识产生的影响。此外,在这里我们离朗西埃所认同的"好"的柏拉图十分接近。因为很明显,正如所有反柏拉图主义者一样,朗西埃有他自己的"好"的柏拉图。这是遭遇或创造了无知的教师的柏拉图。第一个表示"我唯一知道的事就是我什么也不知道",并将自己表现为无知的教师的人,正是苏格拉底。在青年的意识中,遭遇一个无知的教师所产生的东西,应该被称为新的知识,或真正的知识。

一旦我们掌握这一切——当然,我给出的只是冰山一角——我们就可以回到教育问题上来。我认为朗西埃在教育问题上的主要转变是要消除"谁教育谁"的问题。正是这个问题提得不太合适。因为它既可能导致教师形象的假定,也可能导致无政府状态,在那里,知识和非知识在生命的力量上是相等的,以至每个人都教育每个人,或者没有人教育任何人。这是在两条战线上斗争的一个典型例子。我们既不能接受博学教师的一,也不能接受自发性知识的不可靠的多。反对大学和党派的斗争仍在继续,但同时也反对生机论的自发主义者、纯粹运动的支持者或奈格里(Negri)所谓的诸众(multitude)。关于知识与政治间联系的新概念既不支持开明政党的专制观点,也不支持受制于舆论的无政府主义观点,这一概念或多或少地成为对不平等体制的操纵。在这两种情况下,按照朗西埃的说法,城邦在治安之下消失了。

正确的表达是:匿名的教育过程就是建立一系列平等宣言的结果。这就是解放教育。"谁教育谁?"的问题消失了。我们只能说:"我们在这个过程中教育自己",因为"我们"的轮廓每次都是独特的,但每次都在情境中重申平等是唯一的普遍准则。因此,教育不是政治的条件,在柏拉图、僵化的列宁主义或阿尔都塞那里正是如此。但它也不是对政治漠不关心,就像在运动的内在创造的自发主义或生机论中一样。应该说,我意识到需要提出一个艰涩的表达,无论是与朗西埃一同还是以他的名义：教育是政治的一个碎片。与其他碎片相等的碎片。

毫无疑问，我明确同意这一切。困难亦即争议在于对"我们在这个过程中教育自己"的表达中匿名的"我们"进行定义或界定。出于对民主的捍卫，朗西埃在这一点上没有做出规定，也没有真正的开放。在某种意义上，民主制的基本预备措施是不规定"我们"，即使在概念上也是如此。当然，他对乌托邦式共产主义的中心目标——平等共同体进行了大量论述。但他清楚地看到，这是一个调控的神话，也是一个社会结果，而不是政治进程的工具。可以认为，在朗西埃那里没有一个确定的积极分子形象。反之，在被我称为贵族政治的柏拉图学派的系谱中，"我们"是平等的身体，格言的身体，在其过程中的一个既定时刻。当然，这是一种偶然的贵族政治。"我们"的唯一功能是处理非关联的关联，即与异质性的关联，并在结果上尽可能地坚持平等原则。因此，它是由一群积极分子定义的，这些积极分子聚集在作为**真**之结果的身体上。

作为积极分子，意味着踏上征程，改变边界，定义不可能的联系……然而，在我们所处的背景之下，主要的不可能连接是知识分子与工人之间的联系。最后，整个历史也是这种联系的历史。今晚，我们讨论（并没有太过深入）的是知识分子和工人之间联系的哲学或思辨史，作为可能或不可能，作为关联或非关联，作为间距，等等。在那个时代的毛泽东思想元素中，这就是我们所谓的群众联系，但辩证地来看，群众联系是解脱的力量。正是在一个最初的解脱过程中，这种联系的可能性出现了，这是一种难以置信的新事物。但这种可能性只在政治组织中建立了自己的时间性。

让我们更具概念性一些。可以这样概括朗西埃的思想：有价值的总是一个赘余项的瞬时铭写。而我认为：有价值的是规定某种溢出的纪律。对朗西埃而言，在一个特定的不平等体制下，赘余项可以被描述为无份之部分。对我而言，真理纪律的结果被描述为从一切谓项（prédicat）中减去的类性之多（multiplicité générique）。对朗西埃而言，只有时代或历史的例外。对我而言，只有永恒的例外。

这给了我一个机会，让我可以用一个尖锐的批评来结尾，这符合我的颂扬伦理。这涉及理查德·瓦格纳，涉及解脱或类性之力的主题，正如艺术可以产生它的多重化身。在一本书中，朗西埃对《纽伦堡的名歌手》的第三幕进行了阐释。《纽伦堡的名歌手》的主题是重构人与艺术间关系的必要性。"名歌手"是传承和教授某种演唱传统的手工业者艺术行会。该组织的中心人物是最低等级的手工业者，他是一名鞋匠，在印度这几乎等同于贱民。然而，当人们意识到有必要将人民与艺术之间的非关联确立为关联时，就会发生这种情况。显然这个故事对朗西埃而言是一个很好的例子，于我也是一样。这里依然涉及我们最初的要求。因为在青年贵族瓦尔特（Walther）的形象中，我们看到了一种新的艺术家、一种新的艺术、一种新的歌唱。瓦尔特——也可以认为是瓦格纳——前来参加名师们组织的歌唱比赛。这次比赛的奖励是与一个年轻貌美的女子艾娃（Eva）结婚。将年轻的女子作为新艺术的奖励，这对于瓦格纳和其他许多艺术家来说是十分合适的。由令人生畏的贝克梅塞（Beckmesser）——对应梅耶贝尔（Meyerbeer）——主导，最为传统的保守派代表们明确反对这种新式歌唱。最核心的人物是鞋匠汉斯·萨克斯（Hans Sachs），他是重构关联的中间人，使新式歌唱的非关联维度能够铭写于其中。他耍花招，施诡计，其中的细节颇为复杂，而这一切都是为了使年轻的爵爷能够最终参赛并获奖，由此我们便在艺术内部的传统、人民和创新之间公开建构了新的关联。萨克斯"激进"的目标是将艺术的创新与传统相结合，从而在艺术的介质中使整体由人民与其历史性的新的本质关联构成。

我和朗西埃对其中一个部分做出了略微不同的阐释，该部分讲述骑士克服重重阻碍，参与到比赛中，唱出他的新曲调，征服了人民。人们对他说：现在你就要加入"名歌手"行列了。然而，瓦尔特拒绝了，出于对那必须忍受的侮辱的憎恶，他是骄傲而孤独的浪漫主义者。鞋匠在这时发声了。鞋匠向年轻人解释，认为他必须接受这一事实，因为只有当非关联被确立为关联时，他才有可能成为集体的新工具。只有当传统与创新之间的非关联在某种程度上可被作为一种关联来践行时，人民才能被艺术所架构。这一长篇大论进一步解释了德国的命运。汉斯·萨克斯的确支持一个十分特殊的论点，在我看来，这是相当准确的：德国"真正"的、普遍的命运，只能是德国的艺术。最后骑士接受了。然而，人们高喊的并非"瓦尔特万岁！"，而是"汉斯·萨克斯万岁！"，桂冠在欢呼声中被献予了鞋匠。总之，人们认识到，整个过程中的真正教师是贫苦的鞋匠。

朗西埃认为这一切都相当令人伤感，因为让新艺术与鞋匠之间的真正关联成为可能的时代已经过去。当瓦格纳完成他的歌剧时，他把鞋匠的公开加冕典礼构想为艺术人物的精神统治，这是一种纯粹的怀旧式虚构——1848年，年轻的瓦格纳曾登上德累斯顿的战壕。瓦格纳明白，我们已经处在先锋艺术与民众团体完全脱节的过程中。

正是在这一点上，我给出了不同意见。这一幕表明，如果艺术在穿越非关联时没有得到强有力的民众认可，它将变得一文不名，且在任何地方都会被可消费的"文化"所取代，即贝克梅塞式的成见。汉斯·萨克斯将戏剧和音乐的形象赋予了一个前瞻性的观点，这个观点至今仍未实现，因为将其重新表述的"社会主义实在论"无法实现：一种伟大艺术的理念，既不局限于受过教育的资产阶级,也不被贬低为喧哗的小调。这是一种伟大的大众艺术,就像当今从卓别林到北野武的电影一样。自19世纪以来,这个理念一直在曲折地生成其真正的永恒。为鞋匠萨克斯加冕,因其在舞台上实现了一个正在生成永恒的理念,这是实至名归的,尽管自一个半世纪以来,这种生成在历史上的困难尤为显著。如果瓦尔特不是唱一首新歌,而是说,"我有摄影机,我发明了电影",那也许会更具说服力。的确,他并没有提出一种既继承了民间传统又具有强烈创新性的艺术。他只是在唱一首有些新鲜的歌曲。事实上,这是瓦格纳最美妙的歌曲之一……但最后,这一幕的真实性在于它所肯定的东西,而不是它所懊悔的东西。瓦尔特的歌曲和萨克斯的宣言在音乐上都没有被忧伤支配。从开场充满活力的布景开始,这部歌剧就在艺术上颇为积极愉悦。很有趣的是,如果萨克斯真的选择放弃(他知道新歌是属于瓦尔特的,他只是一个中间人,因此,尽管他是象征意义上的父亲和艾娃的恋人,应该娶她的只能是这个年轻人),这种放弃——作为仲夏夜的温馨主题,作为椴树芬芳的有声呈现——被大众历史的一般能量所吸收,其形式是第二幕的喜剧性喧哗,以及第三幕的爱国主义和工人游行。

自此,音乐本身似乎创造了一个艺术学科的类性形象,作为政治学科的类比,在1848年之后,它仍然被搁置,在巴黎公社遭受镇压后依旧如此,直到列宁和1917年革命。

这个细微的差异很有趣,因其涉及与历史的关系。朗西埃在对瓦格纳寓言的判断中融入了实际的当代性。的确,1848年革命的希望自1850年起便已幻灭,但我的推论恰恰相反。我认为艺术的寓言是展望、前瞻性的,是理念之永恒生成的时间灯塔。对历史的适时否认并不会带来伤感,而是意味着在紧张的未来,即使是一个十分遥远的未来中,将这个理念付诸实践。这就是瓦格纳在鞋匠汉斯·萨克斯加冕典礼上的艺术曲乐中所理解到的。事实上，瓦格纳的问题是："谁是艺术大师？"这一问题在我们关于朗西埃作品的探讨中时常出现，尤其是在电影方面。

在不一致的世界中生成的理念理应得到评判，不应考虑是什么导致了它们在某一特定**历史**序列中的明显失败，而应根据它们在穿越不可预测的新世界时，其普遍强制性的逐渐生成。

文章出处

德勒兹：« Gilles Deleuze. Sur *Le Pli : Leibniz et le baroque* », *Annuaire philosophique : 1988 - 1989* (Paris, Seuil, 1989), pp. 161 - 184.

亚历山大·科耶夫：« Hegel en France », *Le Noyau rationnel de la dialectique hégélienne* (Paris, François Maspero, 1978), pp. 11 - 17.

康吉莱姆：« Y a-t-il une théorie du sujet chez Georges Canguilhem », *Georges Canguilhem : Philosophe, historien des sciences. Actes du colloque, 6 - 7 - 8 décembre 1990* (Paris,

Albin Michel, 1993), pp. 295-304.

保罗·利科: « Le sujet supposé chrétien de Paul Ricœur », *Élucidation* 6-7 (mars 2003) : 19-23.

萨特: « Melancholia : Saisissement, dessaisie, fidélité », *Les Temps modernes* (1990) : 14-22.

阿尔都塞: « Le (re) commencement du matérialisme dialectique », *Critique* 240 (mai 1967) : 438-467.

利奥塔: « Custos, quid noctis? », *Critique* 450 (Novembre 1984) : 851-863.

弗朗索瓦丝·普鲁斯特: « Sur le livre de Françoise Proust : *Kant : Le ton de l'histoire* », *Les Temps modernes* 565-566 (1993) : 238-248.

让-吕克·南希: « L'offrande réservée », *Sens en tous sens : Autour des travaux de Jean-Luc Nancy*, éd. Francis Guibal et Jean-Clet

Martin (Paris, Galilée, 2004), pp. 13 - 24.

芭芭拉·卡森：« Logologie contre ontologie », *Po&sie* 78 (Décembre 1996) : 111 - 116.

朗西埃：« Les leçons de Rancière : Savoir et pouvoir après la tempête », *La Philosophie déplacée : Autour de Jacques Rancière* (Paris, Éditions Horlieu, 2006), pp. 131 - 154.

外国人名译名对照表

（按汉语拼音顺序排列）

阿尔都塞，路易　Althusser, Louis

阿尔基耶　Alquié

阿兰　Alain

阿伦特，汉娜　Arendt, Hannah

艾娃　Eva

艾希曼　Eichmann

安提西尼　Antisthène

奥纳西斯　Onassis

巴里巴尔　Balibar

巴门尼德　Parménide

巴什拉　Bachelard

巴塔耶　Bataille

白乐桑　Bellassen, Joël

巴斯夏　Bastiat

贝克梅塞　Beckmesser

贝克特　Beckett

比夏　Bichat

柏格森　Bergson

柏拉图　Platon

博絮埃　Bossuet

布兰施维克　Brunschvicg

布勒东　Breton

大卫-梅纳尔, 莫妮克　David-Ménard, Monique

德里达, 雅克　Derrida, Jacques

德勒兹, 吉尔　Deleuze, Gilles

德日进神父　Père Teilhard

狄德罗　Diderot

笛卡尔　Descartes

杜阿耶,斯蒂凡 Douaille, Stéphane

费希特 Fichte

丰特奈勒 Fontenelle

伏尔泰 Voltaire

弗雷格 Frege

福柯,米歇尔 Foucault, Michel

盖德,儒勒 Guesde, Jules

高尔吉亚 Gorgias

戈达尔 Godard

格卢克斯曼,安德烈 Glucksmann, André

瓜塔里 Guattari

海德格尔 Heidegger

黑格尔 Hegel

胡塞尔 Husserl

怀特海 Whitehead

纪德 Gide

加罗蒂 Garaudy

伽利略 Galilée

嘉宝　Garbo

卡尔纳普　Carnap

卡森，芭芭拉　Cassin, Barbara

卡瓦耶斯　Cavaillès

康德　Kant

康吉莱姆，乔治　Canguilhem, Georges

康托尔　Cantor

科瓦雷　Koyré

科耶夫，亚历山大　Kojève, Alexandre

柯尔施　Korsch

孔德，奥古斯特　Comte, Auguste

拉尔德罗，居伊　Lardreau, Guy

拉古-拉巴特，菲利普　Lacoue-Labarthe, Philippe

拉康，雅克　Lacan, Jacques

莱布尼茨　Leibniz

朗西埃，雅克　Rancière, Jacques

勒尼奥，弗朗索瓦　Regnault, François

李嘉图　Ricardo

利奥塔，让-弗朗索瓦　Lyotard, Jean-François

利科，保罗　Ricœur, Paul

列维-斯特劳斯　Lévi-Strauss

卢卡奇　Lukács

卢梭　Rousseau

罗素　Russell

罗歇，瓦尔德克　Rochet, Waldeck

洛特曼，阿尔贝　Lautman, Albert

马尔罗　Malraux

马拉美　Mallarmé

曼德尔布罗特　Mandelbrot

梅洛-庞蒂　Merleau-Ponty

梅耶贝尔　Meyerbeer

米尔纳，让-克洛德　Milner, Jean-Claude

米勒，雅克-阿兰　Miller, Jacques-Alain

米什莱　Michelet

莫索，路易　Mossot, Louis

奈格里　Negri

南希，让-吕克　Nancy, Jean-Luc

诺瓦利斯　Novalis

帕斯卡尔　Pascal

蓬热，弗朗西斯　Ponge, Francis

普鲁斯特，弗朗索瓦丝　Proust, Françoise

普罗米修斯　Prométhée

普罗泰戈拉　Protagoras

让贝，克里斯蒂安　Jambet, Christian

萨克斯，汉斯　Sachs, Hans

萨特，让-保罗　Sartre, Jean-Paul

萨伊　Say

塞尔，米歇尔　Serres, Michel

圣-琼·佩斯　Saint-John Perse

斯密，亚当　Smith, Adam

斯特劳布　Straub

斯特劳森　Strawson

塔尔德　Tarde

唐利奥波德·奥古斯特　Don Leopold Auguste

托尔，米歇尔　Tort, Michel

托姆　Thom

瓦尔，弗朗索瓦　Wahl, François

瓦尔特　Walther

瓦莱里　Valéry

维特根斯坦　Wittgenstein

沃姆斯，弗雷德里克　Worms, Frédéric

希姆莱　Himmler

夏特莱，吉尔　Châtelet, Gilles

谢林　Schelling

雅尼科，多米尼克　Janicaud, Dominique

亚里士多德　Aristote

扬科列维奇　Jankélévitch

伊波利特，让　Hyppolite, Jean

詹姆斯，亨利　James, Henry